INTERNET STAR ECONOMICS

网红经济

"互联网+"时代新型商业模式

金 易 ◎ 著

SPM
南方出版传媒
广东经济出版社
— 广州 —

图书在版编目（CIP）数据

网红经济："互联网+"时代新型商业模式/金易著. —广州：广东经济出版社，2017.6（2020.3重印）
ISBN 978-7-5454-5518-2

Ⅰ.①网… Ⅱ.①金… Ⅲ.①网络营销－商业模式－研究 Ⅳ.①F713.365.2

中国版本图书馆CIP数据核字（2017）第143209号

出 版 人：姚丹林
责任编辑：蒋先润
责任技编：许伟斌

网红经济："互联网+"时代新型商业模式
Wanghong Jingji: "Hulianwang +" Shidai Xinxing Shangye Moshi

出版 发行	广东经济出版社（广州市环市东路水荫路11号11—12楼）
经销	全国新华书店
印刷	广东海洋印刷有限公司 （佛山市南海区里水镇和桂工业园A区和安南路1号F栋1-2楼）
开本	730毫米×1020毫米　1/16
印张	14.75
字数	203千字
版次	2017年8月第1版
印次	2020年3月第2次
书号	ISBN 978-7-5454-5518-2
定价	45.00元

广东经济出版社网址：http://www.gebook.com　微博：http://e.weibo.com/gebook
图书营销中心地址：广州市环市东路水荫路11号11楼
电话：（020）87393830　邮政编码：510075
如发现印装质量问题，影响阅读，请与承印厂联系调换
广东经济出版社常年法律顾问：胡志海律师
·版权所有　翻印必究·

CONTENTS 目 录

绪　论　你不可不知的网红经济 / 1

第一章　自媒体让网红经济崛起 / 15

　　人人都是自媒体，人人都可能是网红 / 16
　　再小的个体，也都有自己的品牌 / 25
　　网红1.0到4.0，自媒体时代的网络红人 / 30

第二章　有限的网红，无限的长尾 / 39

　　网红的胜利就是长尾理论的胜利 / 40
　　粉丝就是用户 / 48
　　小众的粉丝，大大的商业潜力 / 54

第三章　网红经济，你就是那风口上的猪 / 59

　　资本正在围猎下一个网红papi酱 / 60

起风的网红行业，资本正在倾巢出动 / 66
资本已经撬开网红商业化的大门 / 70
站在网红经济的风口上，如何飞得更高 / 74

第四章　网红经济的商业模式 / 79

每个网红，都有自己的变现模式 / 80
网红经济催生新的商业模式 / 88
网红经济的六大变现模式 / 93
"网红+电商"，颠覆传统店铺的营销模式 / 98

第五章　再小的网红，也都有自己的经济 / 103

网红1.0到4.0，价值链的演变 / 104
网红经济的价值链 / 115
网红店为什么会成为网红经济的热点 / 129

第六章　网红经济的核心卡位 / 135

网红papi酱，可以被复制吗 / 136
网红生产线与产品预售模式 / 142
比网红身份更加耀眼的是其销售额 / 148
优质原创内容为王 / 156

第七章　网红经济时代，企业该怎么做 / 163

网红经济的本质就是人格化销售 / 164

网红经济的万能公式 / 168
挖掘出意见领袖节点的影响力 / 173
企业家网红营销时代来临 / 179
典型案例：企业家董明珠的网红营销 / 183
企业如何对接社群下的网红经济 / 190

第八章 网红经济究竟能"红"多久 / 197

网红营销模式的升级 / 198
网红经济绝不是一种短命的商业模式 / 202
网红直播营销的正确打开方式 / 209
网红经济产业趋势已经明朗 / 218

参考文献 / 226
后记 / 229

PREFACE 绪 论

你不可不知的网红经济

在虚拟的互联网世界里,她们拥有惊人类似的特征——大眼、尖脸、小鸟腿,拍照时总喜欢嘟嘴、卖萌、剪刀手;她们有着上百万,甚至是上千万粉丝的拥趸,可谓是集万千宠爱于一身;她们炫富,过着令灰姑娘们羡慕的时尚生活,穿着各色各样的时尚名牌服装周游于世界各地;她们稀释了明星经济,不时公开与富二代的恋情,其绯闻绝不亚于娱乐圈明星,甚至可以分分钟地登上娱乐新闻的头版头条……

不仅如此,更为重要的是,她们还拥有令媒体和研究者们瞠目结舌的赚钱能力。她们所经营的淘宝店铺的销售业绩往往让传统电商们羡慕嫉妒恨,几乎包揽了前十名。

正因为如此,她们的影响力正悄然地改变当下的互联网营销方法。这部分群体被认为是2016年互联网世界里,最火、最会赚钱的人群之一,我们把她们称之为一个新的互联网群体——"网红"。

网红的影响力如此巨大,其商业潜力自然就不可小觑。如频频登上媒体头条的网红"雪梨",这位网红被媒体曝光的传播点竟然不是淘宝店,而是与万达集团创始人王健林之子王思聪的恋情。

据了解,雪梨本名朱宸慧,大三时与同学一起创业创建淘宝店。在不到一年时间内,就把淘宝店经营得非常出色——竟然做到了皇冠级别。

在网红界,雪梨可谓是典型的淘宝网红,自己开店,自己做模特。当然,网民可以对雪梨网红脸的照片嗤之以鼻,可以对雪梨时不时炫富、晒名牌包包的行为吐槽,但是,网民不能忽视雪梨的店铺商品惊人的销量。

按照雪梨的淘宝店显示的数据计算,雪梨全年的销售额居然达到两亿多元,去除原料、设计、物流、人力等成本,雪梨年收入至少过亿元。

这样的商业传奇足以说明,中国网红已经开启了自己的新商业模式,同时也意味着在"互联网+"时代,新生代的网红营销时代已经来临。

对于当下的网红来说,雪梨的商业影响力,已经成为一个标杆,时刻影响着网红的爆红手段,甚至是转型模式以及资本化。这就是当前网红为什么如此火爆的原因。

网红与网红经济

在中国文化历史背景中,不管是富甲一方的商贾,或者是曾经权倾一时的宰辅,有多少人为了能够光宗耀祖,抑或是衣锦还乡,不辞辛劳地为之奋斗。

在这样的文化背景下,成名就成为中国一代又一代人的梦想。为此,作家张爱玲就曾经一针见血地发表了自己对成名的看法,她说:"出名要趁早呀,来得太晚的话,快乐也不那么痛快。"

在张爱玲看来,出名还是趁早好,毕竟晚了就没有那么痛快了。当我们读到《范进中举》时,或许能够体会到张爱玲的感受。成名要趁早,这样的定律也同样适用于网红。因此,对于任何一个想要成名的网红来说,成名必须要趁早,这就是当下成千上万的网红,如此想要趁早大红大紫的深层次原因。

作为读者可能会问,既然网红出名要趁早,那么到底什么是网红呢?所谓"网红",即网络红人,具体是指在现实或者互联网中由于某个事件或一系列相关因素,甚至某个行为迅速被众多网民关注,因此而走红的一群人。在目前,网红泛指通过网络社交平台走红,并且拥有大量粉丝的网络红人。

网红之所以能够走红,主要还是因为网红自身的某种特质,尤其在互联网的作用下被无限地放大,与数亿网民的审美、审丑、娱乐、刺激、偷窥、臆想以及看客等心理相契合。在这样的语境下,网红的某些有意或无意的行为会受到网民热烈的追捧。

网红的产生,实际上绝大部分都不是自发的,而往往是在互联网媒介环境下,由网红自身、互联网推手、传统媒体,以及受众心理需求等利益共同体多方操作的结果。

这类网红有一个共同的特点——商业化的运作。诸多中国网红中,几乎都是让人分不清楚的、一张张标准的"网红脸"。

需要指出的是,现阶段的中国网红,不仅仅指那部分网红脸,还有一些互联网段子手、在直播平台上火爆起来的视频主播,以及善于借助互联网平台营销的企业家。

与中国网红不同的是,海外网红相对更加凸显自己的独特才能。如YouTube网红菲利克斯·阿尔维德·乌尔夫·谢尔贝格(Felix Arvid Ulf Kjellberg)。

自从2009年在YouTube创建自己的视频频道以来,谢尔贝格专门上传自己的游戏实况。

与普通游戏玩家一样,谢尔贝格在游戏中也经常失误连连,甚至还哀号阵阵,再配上高能吐槽,谢尔贝格的自我风格展现,迅速地赢得网民的欢迎。

数据显示,在2013年之前,谢尔贝格的视频频道订阅量,就达到350万的海量。经过几个月的推广,其订阅量翻了4倍还多。2013年11月,谢尔贝格的订阅数达到1500万。2015年6月,谢尔贝格的订阅数达到3700万。这样的人气自然为其之后的商业推广打下了坚实的基础。

又如,同样在YouTube平台走红的喜剧搭档Anthony Padilla(安东尼·帕迪拉)和Ian Hecox(伊恩·赫克斯)——"SMOSH"。

2005年,"SMOSH"凭借《口袋妖怪》的假唱视频一度走红。通过

《口袋妖怪》这段视频，"SMOSH"充分展示了他们的搞笑天赋。

2006年，迪士尼动画部门前总裁Barry Blumberg（巴里·布隆伯格）发现"SMOSH"的商业潜力，将他们搞笑潜能深度地发掘了出来。

通过传统媒体更为规范的宣传推广方式，巴里·布隆伯格更为巧妙地宣传了"SMOSH"。因此，越来越多的粉丝关注了"SMOSH"，其订阅量更是节节攀升，在其频道专页上的粉丝数也超过了2200万。

这样的商业案例足以说明，网红的商业潜力巨大，其背后的网红经济效应不可估量。那么，什么是网红经济呢？

所谓"网红经济"，是指网红在社交媒体上聚集人气，依托庞大的粉丝群体进行定向的、精准的营销，影响粉丝的价值观念和生活方式，由此衍生出的实际利益和经济效应。

到目前为止，网红经济已经开始形成一个独立的产业链。一般地，网红产业链基于"内容+社交"的消费经济。

在这个链条上，网红拥有的大量粉丝，是网红变现而产生经济效益的核心基础。当然，要想吸引粉丝的关注，网红就需要不断创作个性化和新颖的内容——文字、图片、视频，以及直播内容等。

如网红重庆妖娆拉面小哥田波，2017年3月20日下午，黄龙溪景区，"古镇一根面"面馆门口，在动感音乐伴奏下，一名"拉面小哥"舞动身体拉面，吸引了众多顾客。

正是因为这样风格迥异的内容，短时间内就聚集了高达48万的粉丝，光打赏就达2万元，由此吸引的商家的邀约与来自媒体的采访不断。

类似的商业影响力正在影响传统企业的营销方式。截至2016年3月20日，同道大叔通过以诙谐幽默的文字及配图吐槽星座，吸引粉丝量达到了1180多万；张大奕eve则是依靠自身对各类服饰品牌高超的穿搭技巧积累了500多万的粉丝。

这组数据充分说明，随着网红聚集大量的粉丝，再加上通过自身的原创内容，将粉丝的注意力变现转化为购买力，由此催生了一种新的商业业态——网红经济。

内容网红、电商网红、名人网红

网红经济产业链,一定离不开网红,否则,也不叫网红经济。因此,易观智库在其研究报告中更是把网红视为网红经济产业链的核心环节。

在易观智库看来,网红经济之所以能够实现商业价值,其基础就是众多粉丝被网红的个性、品味、言论等内容所吸引,并同时与网红建立较高的情感认同。

在网红4.0时代,互联网传播媒介更加多元化,加之用户原创内容的崛起,使得产生网红的门槛越来越低。这主要是越来越多的平台,为细分垂直领域的网红数量的快速增加提供了丰厚的土壤。

2016年9月,易观智库发布了《2016年8月中国网红排行榜Top50》报告,在这个报告中,papi酱占据第一,王尼玛和陆琪分列第二、第三位。具体榜单排名见表0-1:

表0-1　2016年8月中国网红排行榜Top50

排名	昵　称	传播力	舆论影响力	变现力	总得分
1	papi酱	86.6	94.2	94.5	91.3
2	王尼玛	85.2	83.8	78.7	82.8
3	陆琪	86.4	80.2	77.0	81.7
4	占豪	86.2	84.2	71.6	81.2
5	MISS	74.6	76.0	92.9	80.5
6	关爱八卦成长协会	86.0	80.0	71.4	79.8
7	日食记	86.6	74.8	75.1	79.6
8	回忆专用小马甲	88.0	67.4	80.1	79.5
9	起小点	85.2	70.2	81.0	79.4
10	思想聚焦	89.0	72.4	71.6	78.8
11	同道大叔	88.4	69.2	74.8	78.6

续上表

排名	昵称	传播力	舆论影响力	变现力	总得分
12	罗永浩	83.8	85.4	62.8	78.0
13	小苍cany	85.2	67.8	77.1	77.5
14	咪蒙	72.8	83.4	75.1	76.7
15	陈翔	79.2	80.0	67.0	75.8
16	休闲璐	86.6	65.2	71.2	75.6
17	Misaya若风	84.0	55.4	84.4	75.6
18	延参法师	83.4	73.0	63.4	74.3
19	艾克里里	64.0	80.0	82.3	74.3
20	乐嘉	83.9	75.1	60.5	74.3
21	琢磨先生	84.2	66.6	68.6	74.2
22	文er	82.8	66.2	70.7	74.2
23	贾跃亭	85.4	86.4	46.1	73.9
24	Mc天佑吖	76.0	70.0	74.6	73.8
25	林珊珊_Sunny	70.0	64.0	87.4	73.4
26	李开复	85.0	80.4	49.6	73.0
27	内涵大婶哥	85.4	65.2	62.9	72.6
28	八卦_我实在是太CJ了	87.0	55.8	70.2	72.6
29	娱乐圈扒姐	87.6	59.4	64.3	72.1
30	洪榕	82.8	65.6	63.5	71.9
31	gogoboi	85.2	55.0	69.9	71.5
32	任真天	87.6	47.6	71.8	70.9
33	衣锦夜行的燕公子	86.0	75.0	45.0	70.4
34	谷阿莫	83.2	51.2	71.5	70.1
35	颜强	78.4	73.2	52.7	69.1
36	顾剑	84.6	65.0	52.5	69.1
37	小P老师	73.2	57.2	73.9	68.6
38	张大奕	43.0	77.2	93.3	68.3
39	吴晓波频道	80.0	53.6	66.8	68.1
40	北美吐槽君	87.4	45.6	64.4	68.0

续上表

排名	昵称	传播力	舆论影响力	变现力	总得分
41	阑夕	83.6	53.8	60.7	67.8
42	鬼脚七	79.2	48.2	72.1	67.8
43	LOL无双小智	71.4	43.4	84.1	66.8
44	谷大白话	60.0	62.4	75.8	65.5
45	钱皓-互联网分析师	79.6	50.0	61.9	65.4
46	唐立淇占星	83.2	47.4	58.8	65.1
47	左小祖咒	77.6	64.0	49.5	65.1
48	冯唐	80.4	63.2	44.8	64.6
49	银教授	78.6	40.0	69.1	64.2
50	王利芬	82.4	59.6	42.5	63.6

资料来源：易观智库.2016年8月中国网红排行榜TOP50，2016-09-07.

与此同时，新生代的年轻网民自身的个性化特征，使得这部分人群更加追求个性和生活品位，这就为时尚、化妆、服饰、美食、健身、游戏等各个领域创造大批网红打下了基础。

与此同时，作为意见领袖（Key Opinion Leader，简称KOL）的网红，活跃在各个社交网络上，输出具有自己明显标签和调性的内容和产品，在赢得大量粉丝关注的同时，也为其后的价值变现创造了条件。

基于此，根据网红所处的垂直领域、输出内容的形式，以及变现模式，通常把网红分为如下三类：

（1）电商网红

电商网红通常由模特、设计师、淘宝卖家等组成，其变现的主要途径是通过电商平台。

研究发现，年轻貌美、穿搭时尚的衣装、善于经营淘宝店铺，这是电商网红的典型特征。根据CBNData（第一财经商业数据中心）发布的《2016年中国电商红人大数据报告》显示，电商红人通常具备四个特质，详情见图0-1。

资料来源：CBNData.《2016年中国电商红人大数据报告》，2016-05-24.

图0-1 电商红人具备的四个特质

网红由于拥有时尚和个人魅力的特质，自然也懂得通过社交媒体平台展示自己，如经常在社交平台上展示自己的服饰穿搭和新品照片，不仅如此，网红还会频繁地与粉丝交流互动，有一些网红通过发布自己的文字、图片、视频、直播等内容，使得粉丝的黏性更强。

根据CBNData发布的《2016年中国电商红人大数据报告》显示，网红电商销售的商品，女装占比最大，其次是女鞋和母婴产品，见图0-2。

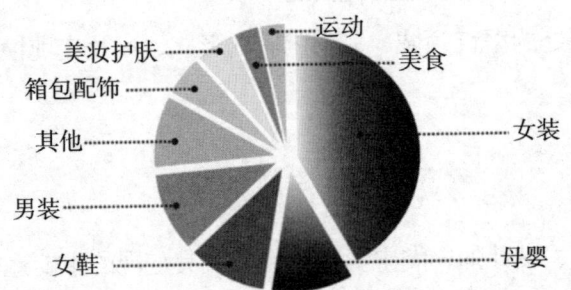

资料来源：CBNData.《2016年中国电商红人大数据报告》，2016-05-24.

图0-2 2014—2015年红人店铺品类规模分布

但是在2016年，网红店铺不仅仅在女装和母婴方面发力，在其他方面同样也有所斩获。根据CBNData发布的《2016年中国电商红人大数据报告》显示，即使在酒类、厨房电器以及自行车骑行装备类商品的销售额也出现几十甚至是上百倍的增长，见图0-3。

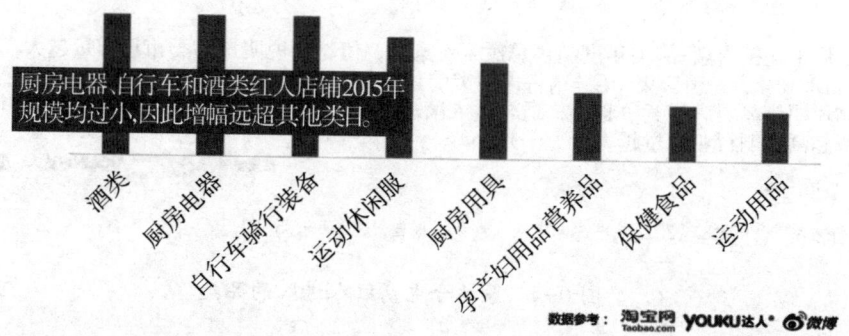

资料来源：CBNData．《2016年中国电商红人大数据报告》，2016-05-24．

图0-3　2016年第一季度电商红人店铺Top50规模类目同比增幅超过3倍的类目

上述数据足以说明，电商红人的店铺具有潜在的巨大销售商机。为此，《2016年中国电商红人大数据报告》建议网红淘宝店铺的方向，除了女装外，新进入的红人，选择母婴和电脑外设市场更为合适。该报告认为，母婴和电脑外设市场的竞争相对较小。而零食和健身服装类，尽管市场规模巨大，但是其竞争更为激烈。

该报告显示，虽然一些行业竞争小，但是由于市场规模有限，因此不建议红人涉足。见图0-4。

从图0-4的数据就不难看出，电网网红的变现途径就是电商。在这样的背景下，电商网红通常把网红孵化机构、经纪公司作为自己的网红产业链合作者。

电网网红这样做的优势是，可以通过网红孵化机构、经纪公司提供的店铺运营、供应链管理等服务，赚到自己的收成。有的网红给网红孵化机构、

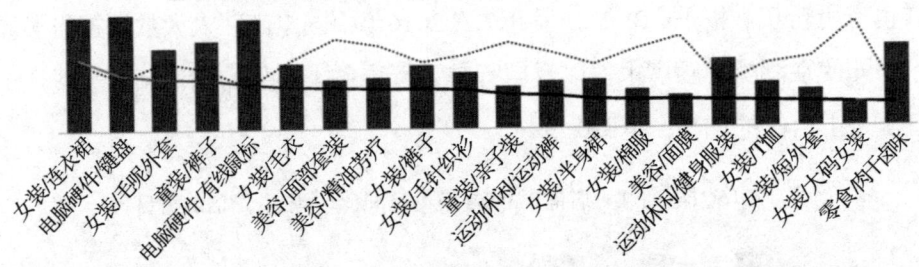

单店平均销售额=品类年度销售总额÷卖家数,值越高说明该品类市场容量越大;类目Top10%店铺销售集中度=销售该品类前10%店铺金额÷所在类目总规模,集中度越高说明该品类店铺竞争越小;适合进入度=单店平均销售额×类目Top10%店铺集中度,值越高说明行业容量越大,竞争越小

资料来源:CBNData.《2016年中国电商红人大数据报告》,2016-05-24.

图 0-4 最适合电商红人进入的品类

经纪公司赚取到巨额的利润,其分成相对也较高。

为此,一些网红孵化机构、经纪公司更是积极地为网红提供数据分析服务。根据网红粉丝的回复、转发、点赞,以及回复内容的关键词,精准地预估某款商品的热销程度,真正地做到按需生产。

根据淘宝公开的数据显示,2015年淘宝"618大型促销活动",销量TOP10的淘宝女装店铺中,5家是网红经营的店铺。

这样的数据足以说明,电商网红已占到中国网红的一半。对此,易观智库在其研究报告中断言:"电商网红的变现模式非常清晰和顺畅,并具有可复制性,在一定程度上激活了中国的传统服装产业。"

(2)内容网红

在内容网红组成方式中,通常以自媒体为主,主要以微博、微信公众号的方式发布自己的原创内容,如文章、段子、评论、漫画、视频等。这些内容具有幽默、犀利、创意等特征。

内容网红并不在意其颜值,在内容网红看来,颜值并不是自己成为网红的必要条件。只要能够给粉丝提供优质、独特的内容，就可以赢得粉丝的关注。

随着"互联网+"国家战略的实施，高速宽带的普及，催生了火爆的短视频、直播平台。于是，一大批视频博主、视频主播因而成为内容网红。在此阶段，内容网红以原创视频博主和电竞游戏主播为主。

为了赢得更多粉丝的关注，内容网红更是活跃在多元化的平台上——微博、微信、视频网站、短视频平台、直播平台等。

在内容网红中，由于自身的影响力，变现方式也不再局限在某一单一的途径，而是出现多元化的变现方式，如广告、粉丝打赏、付费订阅、平台签约、转型演艺等，甚至有的内容网红自己成立自媒体等公司，并进行IP化发展，其挖掘网红经济潜力的空间自然就进一步放大。

当然，内容红人与电商红人不同，他们的特点也不一样，详情见图0-5。

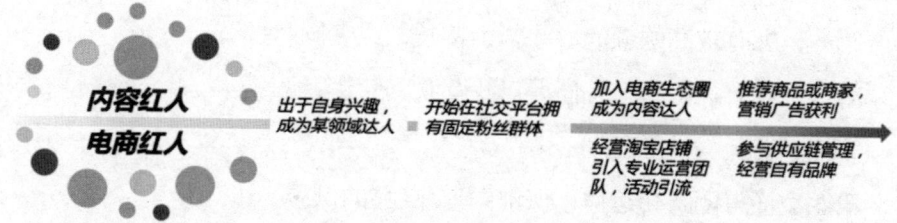

资料来源：CBNData.《2016年中国电商红人大数据报告》，2016-05-24.

图0-5　内容红人与电商红人对比

（3）名人网红

名人网红，与电商网红和内容网红明显不同。通常，电商网红和内容网红必须依赖互联网病毒式的传播效应，成为人尽皆知的网红。

名人由于本身就拥有较高的知名度，其社会名气也自然较高，当这部分社会名人一旦网红化，其知名度会相对更高，如影视明星、体育明星、企业家等。

作为社会名人的网红，通常都是为了进一步提升自己的人气，或者宣传企业的某款产品，以及宣传企业正面形象。

赵薇、徐静蕾、姚晨等明星都曾经是微博的话题女王；周杰伦与王思聪在游戏直播平台上对战《英雄联盟》，吸引约1000万网友观看；刘涛、Angelababy、陈赫等明星入驻直播平台；董明珠、罗永浩、雷军、马云等企业家，在互联网上亦都拥有较高的活跃度。

名人网红的出现，已经充分体现了互联网的商业价值，名人网红已经意识到，互联网已经成为名人维持自己人气、与粉丝互动的重要媒介。

当然，对于众多的名人网红来说，线上的变现不是其主要的诉求目的，名人网红旨在宣传自己的本职事业，提升线下事业的变现能力。

可能读者会问，既然"互联网+"时代，已经给网民成为网红提供了较好的条件，那么成为一名网红，到底需要哪些条件呢？

第一，拥有较高的颜值、才华、特长，或者同时拥有；

第二，具有标签化，且懂得自我互联网营销；

第三，擅长与粉丝互动；

第四，懂得团队化运作，保证内容/商品的供应。

"模特+白富美"构成闪亮网红圈

既然网红具有如此影响力，可能读者会问，这些网红到底拥有什么魅力？又是如何在互联网上创造出其惊人的商业神话的呢？

在中国网红中，她们除了自身长得好看外，似乎还有着相似的成名路径——模特、校花、白富美。大量事实证明，这三类人群基本涵盖了淘宝女性消费群体的模仿定位。比如张大奕，她曾是《瑞丽》杂志的当家模特。

公开资料显示，张大奕，1988年出生，早年曾担任《瑞丽》的平面模特。由于工作的需要，张大奕不得不练就出高超的穿搭技巧。在这样的情况下,张大奕需要经常接触服装行业,自然也就熟知各类服饰品牌。

在开店之前,张大奕在微博上可谓广受粉丝拥戴,其粉丝就已积累了几十万。张大奕每次上传自己的照片后,都会收到不少询问服装品牌的留言。正因为如此,张大奕坚定了自己开店的信心。

与张大奕有着类似经历的还有网红林珊珊。公开资料显示,林珊珊由于参加"校花校草"大赛而成名,成为"中樱桃美女社团"的签约模特。

自2011年注册开店以来,林珊珊的淘宝店铺已经晋升为金冠店。目前,林珊珊在新浪微博上的粉丝已有470多万。林珊珊发布的一条微博文后,曾有近8万条留言。

大量事实说明,数百万的微博粉丝,是支撑林珊珊店铺销售量的一个坚实基础。据淘宝指数显示,店内女性顾客比例占到85%,年龄多集中在18～24岁。

当模特转型成为网红,针对其店铺具有如此高的商业价值的问题,前《昕薇》杂志模特事业部总监李晶在接受媒体采访时坦言:"传统的平面媒体对于模特来讲局限太大,尤其是走青春少女风格的刊物,你年纪一大很多品牌就不再用你了,更何况现在纸媒的发行量也远不如以前。都说模特吃的就是青春饭,这是我们不得不承认的一件事情。"

在李晶看来,对于女孩们来说,模特很难成为她们的长期事业,只有极少数人能成功挤进娱乐圈,做长远发展,然而剩下的大多数人,基于自身优势考虑,开网店似乎就成了性价比最高的选择。

在网红构成中,除了模特、校花,就是白富美。如罗志祥的网红女友周扬青被媒体曝光后,一些网民通过各种手段,公开了周扬青家境殷实的资料,其简直就是一个名副其实的白富美网红。

根据中国台湾省的省内媒体报道,周扬青的父亲是某企业的老板,其外婆家还在北京西单商圈拥有一座豪华四合院,市价在3000万元以上。

与周扬青不同的是,作为网红的张林超,其淘宝店定位为"高定路线",以"海龟白富美"的形象宣传其店铺。

公开资料介绍，张林超与丈夫张瑜婚前就已相识多年，两家可谓是门当户对，双方父母都是经营服装箱包生意的老板，是典型的"厂二代"强强联手的案例。

网红陈小颖，则是从小在父母的服装工厂里长大。在澳大利亚留学五年后，陈小颖回国创立了自己的服装品牌。开店之初，家人就资助了陈小颖100万元作为启动资金。

……

白富美在网红圈，其优势非常明显，此类人群从小生活就很优渥，拥有较多的资本和渠道接触到时尚商品。如上大学时就开百万元豪车的网红新月，就是一个较为典型的"购物狂"。

新月坦言："我从小就特别喜欢买漂亮衣服，上大学时我妈给了我一张额度10万元的信用卡，每个月我就用这张卡买东西，卡经常被我刷爆，不够了就再要。"

在新月看来，自己对服饰的品位就是从每一次消费中慢慢积累而来，这并不是传统意义的拜金。

新月为此还解释说道："大家的成长环境都不一样，我只是太喜欢漂亮的东西，无论它是不是名牌，即便只卖50块钱，只要好看我也会买，这已经成了我的喜好。"

第一章

★ 自媒体让网红经济崛起

客观地讲，网红的爆红，以及网红经济的崛起，其支撑的核心，是网红受众力量的大规模崛起。在这样的条件下，某个网红才可能因此"一夜成名"。

当网红触发了某个热点话题的机关，引发该群体力量积蓄的爆发点，这个网红自然就红了。在网红经济中，网红的受众群体，主要是以草根为主，该群体本身就属于社会的非权力阶层。

从这个角度来看，网红的爆发其实就是宣告"用户主权时代到来"。作为网红经济的产业链上的前端，网红仅仅是一个摇旗呐喊的代言人。这样的信息洪流所到之处，就将意味着信息洪流充斥，造成社会认知迷茫，意见领袖将成为粉丝们的安全把手。当亚文化得到充分的释放时，意见领袖必然会引领社群生活。

社会学规律给我们的启示是，权力就是对信息的控制。因此，网红爆红的真正意义在于：草根崛起。

人人都是自媒体，人人都可能是网红

在如今高度发达的自媒体时代，由于门槛很低，这就为人人成为网红创造了条件。对此，一些学者甚至认为，在自媒体时代，人人都能够成为网红。

这样的观点并不激进。主要有两点：第一，当"人人都是自媒体"被越来越多网民普遍接受时，网红成为常态的问题就迎刃而解；第二，拥有潜在巨大的商业价值的网红举不胜举，只是看如何运用网红营销战略了。

当网红成为传统企业尝试的新型营销模式后，网红被传统企业青睐仅仅只是一个良好的开端，更多尝试仍在拓展。当然，传统企业看中的是网红的潜在巨大商业价值，这必将引发新一轮的网红热潮。尽管被推向浪尖的网红可能会面临回归，或者快速地变现的问题，但这并不影响网红的商业价值。因为对于网红来说，在合适的事件触发话题热点，才是在自媒体时代网红关注的问题。

崇尚个性传媒的时代已经来临

2016年1月，百度发布的《95后生活形态调研报告》指出，1995年至1999年出生的"95后"总量约为1亿人，由于此类人群出生在互联网时代，与"80后""85后"相比，此类人群可谓是"互联网原住民"。

在互联网上，此类人群最爱做的一件事情就是点赞、分享、评论和吐槽。他们最为认同当下互联网上流行的宅、逗比、呆、高冷等流行价值观，追求敢想、敢说、敢做，注重娱乐和社交，热衷于弹幕、美颜，聊天必备"表情包"。

对此，一些学者认为，作为移动互联网和网络社交平台最重要的用户，以"95后"为代表的青年一代所具有的这种心态也为网红的成长提供了社会基础。

一位媒体研究者坦言:"说到底,网红就是自媒体时代活跃在网络世界的明星,他们的出现改变了我们这个时代的'造星机制',成名的门槛降低了很多。"

在过往,很多当红明星的成长,都是一个成熟经纪公司或者其团队打造的结果。一般地,要想成为明星,必须具备音乐、表演等方面的才艺技能。不仅如此,其经纪团队同时还要与演出、出版、影视企业及平面、电视媒体达成良好的互动合作关系。

与明星不同的是,网红则不需要诸多的才艺技能。作为网红,其基本条件是有个性、敢出位。

罗辑思维公司创始人罗振宇坦言:"网红不需要他者来界定和赋予权力,他们需要面对的只有用户,这也是互联网对社会更为深刻的平面化影响。"

在罗振宇看来,用户才是网红最为看重的。的确,早在2015年,罗振宇就开始关注网红现象。其后他对网红做了大量投资,罗振宇毫不讳言:"之所以对网红做出如此高的判断并进行投资,最根本的原因是网红体现了媒体革命的趋势。"

罗振宇解释说道:"上一代市场的核心资源是'组织力'+资本,企业的发展需要巨大的资本支撑,但在未来的市场上,资本的价值会逐步低落,'组织力'仍然非常重要,'魅力人格体'则会因为稀缺而更加重要,它可以将产业链上的其他资源聚合起来。"

当然,罗振宇所说的"魅力人格体",其实就是网红所具备的独特个性。如papi酱,她之所以赢得网民的关注,甚至被誉为"2016年第一网红",是因为papi酱在其制作的视频节目,特别是选题时设计出众,其表现自由率真,非常接地气,亲切感十足,典型的草根气质,极大地满足了年轻网民的娱乐需求,使年轻人完成了与一个有趣的人的"社交"。

在"互联网+"时代,由于人人都是内容的生产者,人们时常以微博、微信等自媒体为辐射核心的平台,已经开始将触角伸展开来。

从这些传播的途径来看,网络已经成为个人聚焦在某个热点源扩散和蔓延的传播介质。不可否认的是,随着中国互联网的普及,越来越多的网民正在改变中国传统的危机管理模式。

据中国互联网络信息中心(CNNIC)发布的第39次《中国互联网络发展状况统计报告》数据显示,截至2016年12月,中国网民规模达7.31亿,半年共计新增网民4299万人,见图1-1。

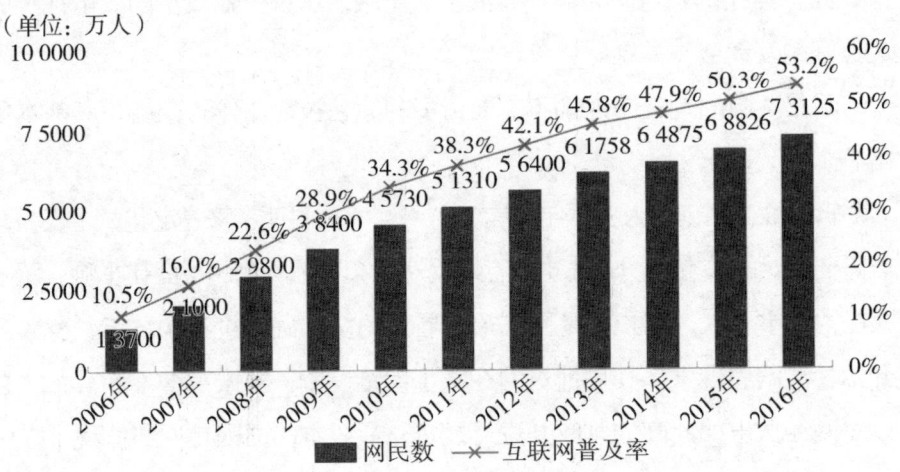

资料来源:CNNIC.第39次《中国互联网络发展状况统计报告》,2017-01-22.

图1-1 中国网民规模和互联网普及率

该报告还显示,截止到2016年12月,中国手机网民规模达到6.95亿,较2015年底增加7550万人,同时使用手机上网的人群占比由2015年的90.1%提升至95.1%,见图1-2。

该统计报告显示,交流沟通类应用发展更加强劲,如即时通信。截至2016年12月,使用即时通信的用户规模已经达到6.66亿,较2015年底增长了4219万人,占网民总体的91.1%,其中手机即时通信用户规模达6.38亿,较2015年底增长了8078万人,占手机网民的91.8%,见图1-3。

从第39次《中国互联网络发展状况统计报告》数据显示可以看出,中国

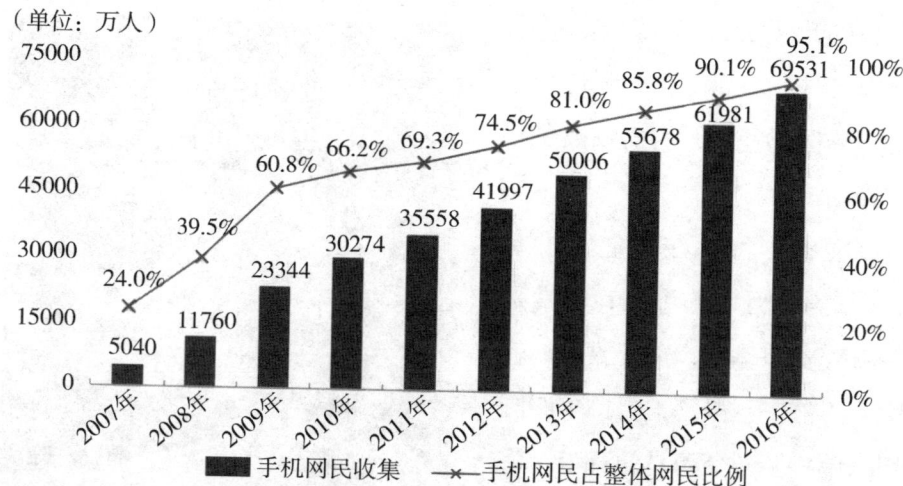

资料来源：CNNIC.第39次《中国互联网络发展状况统计报告》，2017-01-22.

图 1-2 中国手机网民规模及其占网民比例

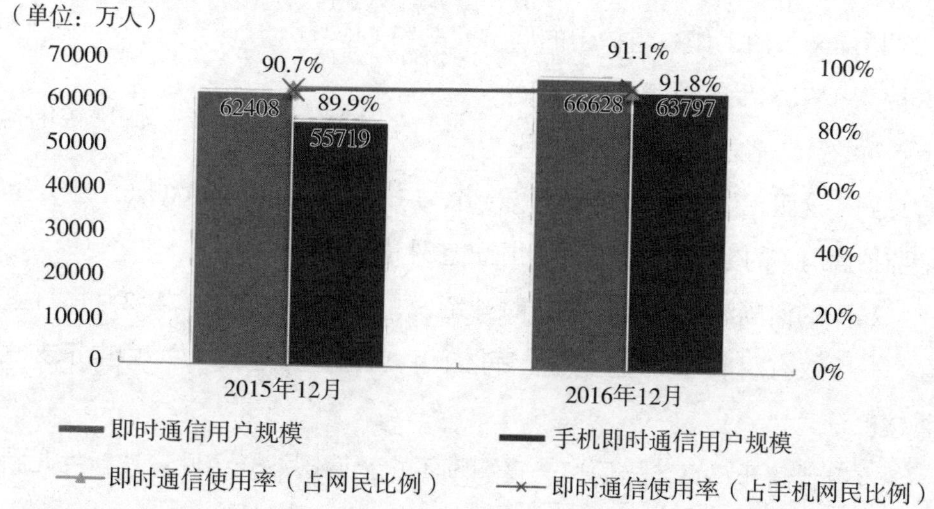

资料来源：CNNIC.第39次《中国互联网络发展状况统计报告》，2017-01-22.

图 1-3 2015年12月-2016年12月即时通信/手机即时通信用户规模及使用率

即时通信用户数量巨大。在互联网的微时代下，每个网民都可以成为自媒体。究其原因，是因为每个网民都可能成为信息传播链条上的制造者和传播者，即网民既是信息传播受众，也是传播媒介。

2017年2月17日，一篇名为《男护士身"挂"小患儿工作照走红，被称"省医奶爸"》的文章被多家门户网站转载。

该文章中称，在重症监护室中，一名4个月大的患儿，时常是抱着就安安静静的，一旦放下，就会哭个不停。不得已，男护士谢国波用床单扎了一个简易的背带，将患儿兜在胸前，对其悉心安抚，并且还一边照顾其他患儿，一边工作……见图1-4。

枯燥辛苦的工作被男护士的同事拍了下来，发表在微信朋友圈上，称之为"省医奶爸"。谁也没有想到，这张工作照竟然疯传整个网络，广东省人民医院NICU（新生儿重症监护病房）的男护士"奶爸"谢国波意外地走红了。

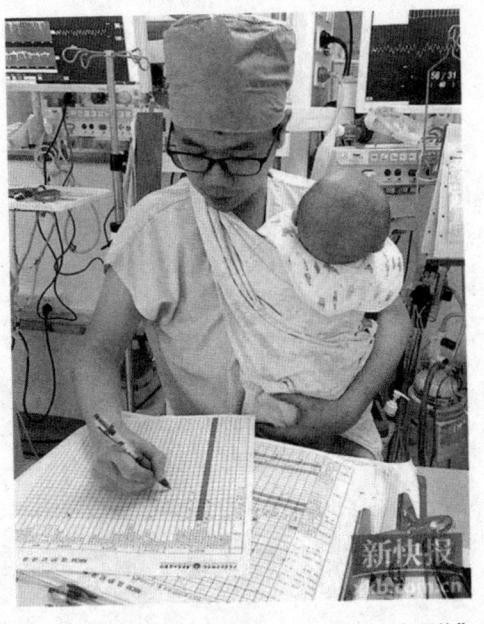

资料来源：黎秋玲，杨颂德，靳婷.男护士身"挂"小患儿工作照走红，被称"省医奶爸"[N].新快报，2017-02-17.

图1-4 走红的"省医奶爸"谢国波工作照

26岁的谢国波接受媒体采访时介绍说，事情发生在2017年2月15日下午，一个仅有四个月大的小患者因病在门诊就医，被抱来NICU做电子支气管镜检查。

该患者离开妈妈怀抱后，一直哭闹不止。谢国波介绍说："新生儿科嘛，面对小宝宝，这种情况很常见，没有不耐烦。"

为了让小患者安定下来，好好完成检查，谢国波扯来小被单，做了一个背带，将小患者抱入怀里安抚，没过一阵。小患者竟然在谢国波的肩上安然入睡。因为怕吵醒宝宝，谢国波一边抱着宝宝一边书写起了记录。就这样，同事拍下了这张照片。

谢国波补充称，小患者身上包着的床单均是消毒过的，抱哄患儿是

NICU室内常有的事情，自己的同事们也一样会这样做。

护士谢国波走红的背后，其逻辑就是，在"互联网+"时代，人人都是自媒体，人人都可能成为网红。

众媒时代：信息发布权力充分下沉

随着"互联网+"成为中国国家战略，互联网由此迎来了发展的黄金时期。这样的变化为人人成为自媒体提供了条件。对于时刻关注社会与商业变革的媒体来说，如何把握变化与洞察先机就成为摆在它们面前的一个问题。

当然，当媒体——无论传统媒体、网络媒体，还是自媒体等都将自身主动或被动地置身于一场变革的洪流中时，我们竟然才发现，"把握变化，洞察先机"似乎更加艰难。

对此，腾讯网企鹅智酷与清华大学新闻与传播学院新媒体研究中心联合发布的《众媒时代：2015中国新媒体发展趋势报告》中写道："用户阅读兴趣变了，年轻用户的喜好正在重塑媒体的表达；用户消费场景变了，晚间场景成为媒体争夺的'黄金时段'；内容生产方式变了，内容分发渠道重塑，小微生产团队崛起；内容服务方式变了，社交平台的内容传播和服务引发更紧密的互动……媒体至此迎来了一场全产业链的变革，我们将其定义为一个全新的'众媒时代'。"

基于此，网红们拉开了属于自己的、"群雄乱舞"的、"诸侯割据"的时代，谁能够成为独霸天下的"霸主"，取决于自己的才能、学识、风格，以及自身尽可能特色的，不能替代的原创内容。

在"互联网+"时代，共享经济、网红经济、社群经济已经成为当前出现频率极高的经济模型。尤其是网红经济，当其被资本裹挟后，几乎就在一夜之间，网红经济成了一个家喻户晓的、被视为风口的经济热点，其蹿红的速度绝不亚于当年的"互联网思维"。

作为互联网研究者，如果不知道网红经济，几乎都不好意思登上大学商学院总裁班的讲台。这样的流行趋势，足以说明网红和网红经济的火热程度,在这里,我们来看看图1-5就知道了。

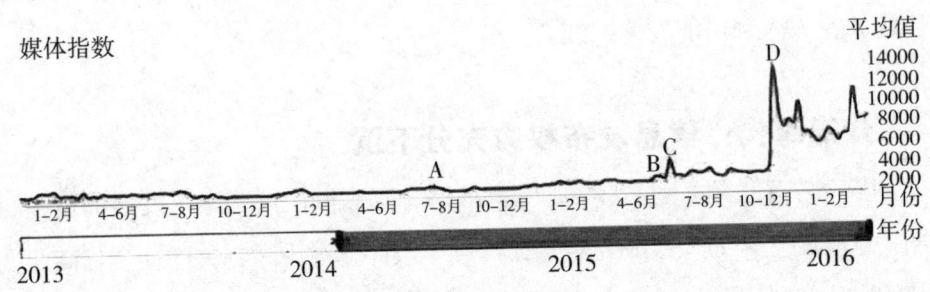

资料来源:陈菜根.一篇文章告诉你网红经济的真相,2016-04-18.

图1-5 网红热门话题时间图

在图1-5中,其数据显示,从2015年年底至今,网红作为一种新的商业业态模式引爆互联网,同时成为互联网圈里的常规话题,且一直保持着较高访问量。

在这一波浪潮中,六间房创始人刘岩毫不客气地说道:"中国网红的数量将迎来1000万人时代。"

在刘岩看来,韩国一个区区弹丸之地,竟然活跃着200万网红。对于泱泱大国的中国来说,1000万网红简直是一个太保守的数字了。

的确,随着网红经济进入井喷阶段时,雨后春笋般崛起的网红4.0,迎来了自己的黄金时代,不仅有文字、图片、视频,甚至还有自己的直播。

在这样的狂欢和"裸奔"下,一些网红为了自己能脱颖而出,开始不择手段地拼杀。如此疯狂的集体举动,必然遭遇文化部的重拳出击——文化部公布:斗鱼、虎牙直播、YY、熊猫TV、战旗TV、龙珠直播、六间房、9158等网络直播平台因涉嫌提供含宣扬淫秽、暴力、教唆犯罪等内容的互联网文化产品,被列入查处名单。文化部已部署相关执法机构查处涉案企业,并及时公布了处罚结果。

这样的新闻被央视报道,无疑给热火朝天的网红经济敲响了警钟,指引了方向。有学者认为,文化部当头棒喝的背后,主要是为了指导网红经济的合理发展,因为网红如罂粟花般绚烂的势头无疑会毁掉网红产业。

规范网红经济并不影响其正常变现。由于网民的多元交互,以及社群经济的深度发展,这为网红的变现方式提供了新的渠道。因此,作为新生代的网红4.0,借助新媒体工具快速地实现自我变现,使得新消费群体的品牌认知和购买决策路径发生了变化。究其背后深层次的原因,则是移动互联网技术环境的极大丰富,尤其是新媒体工具的井喷,使得信息发布权力充分下沉造成的。

根据《众媒时代:2015中国新媒体发展趋势报告》显示,由于中国进入众媒体时代,草根网民发布信息也更加便捷。见图1-6。

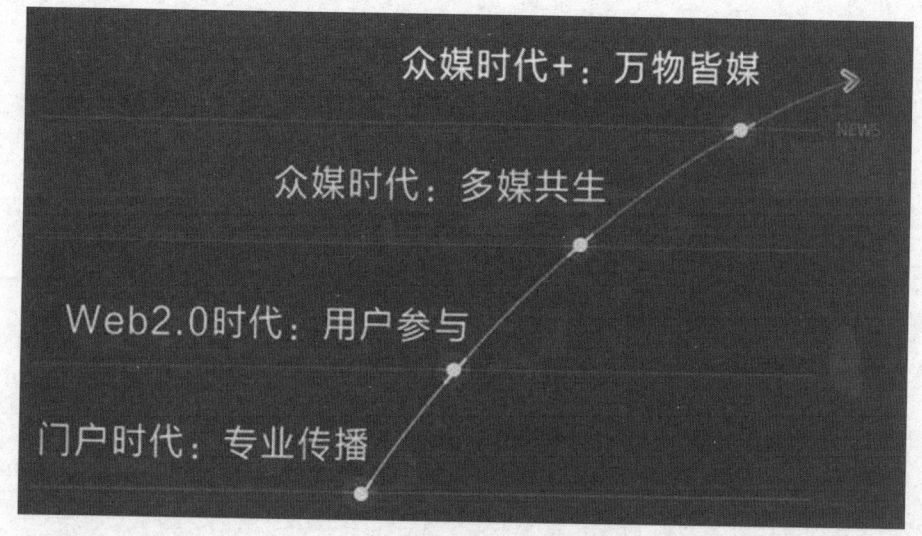

资料来源:腾讯网.《众媒时代:2015中国新媒体发展趋势报告》,2015-11-12.

图1-6 互联网媒体进化论

基于此,当草根成为主流的内容发布者时,其结果自然就是"人人都是自媒体",人人成为网红就几乎成为可能。

为此,腾讯副总裁陈菊红曾撰文写道:"变化已至,变局已生。对时刻敏锐感知社会、商业与科技前沿的媒体人而言,我们已经适应和习惯在高速变迁的时代里,观察、融入、自我适应。然而,如今一场可能彻底改变媒体组织形式和生产方式的巨大浪潮,正席卷而来,直接击中我们已经阅'变'无数的神经。组织崩溃,平台重塑,个人崛起。一个全新的'众媒体时代'已经来临。面对新一轮的媒体变局,我们一边忧心忡忡,极尽思虑;一边又看到前所未有的机会,就藏在这场浪潮中。作为媒体和媒体人,我们必须也只能迎身向前。"

再小的个体，也都有自己的品牌

微信之父张小龙在"微信公开课"谈道："在微信公众平台里面我们有一个口号，大家在网上可以看到，就是再小的个体也有自己的品牌。很多人对这句话都有不同的理解。"

据介绍，这句话是来自于张小龙他们最早在设计微信公众平台时的使命感。微信公众号作为自媒体平台，为网民的分享带来极大的方便。

在"互联网+"时代，互联网技术的普及，给每个人提供了在互联网上发表一些有关自己的喜怒哀乐，甚至是实事新闻的可能。

当然，普通的微博、微信、博客发布的言行，其声音可能有点小，但是再小的声音都可能引发一场互联网风暴。

自媒体时代，催生网红的因素并不复杂

河南省实验中学的一位女心理教师顾少强，写了一封辞职信，信上就10个字："世界那么大，我想去看看。"

为此，有人评论说："这是史上最具情怀的一封辞职信，没有之一"。其后这封"世界那么大，我想去看看"的辞职信走红互联网，短短十个字引发众多网友模仿，成为"世界那么大"体。见图1-7。

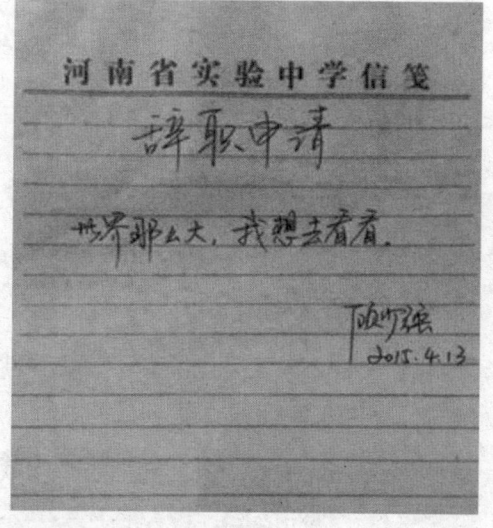

资料来源：郭睿."世界那么大，我想去看看"作者：我只是个灰姑娘.凤凰网，2015-04-20.

图1-7 顾少强老师的辞职信

2015年4月14日，这样一封极其简单的辞职信红遍微信朋友圈和微博，其热评如潮，引发学习粉丝团、《南方日报》、《扬子晚报》等全国大V、官媒的纷纷转发。

读者可能会问，"世界那么大，我想去看看"这仅有10个字的辞职理由为什么能引发如此关注呢？

这主要源于在自媒体时代，别具一格的辞职信或许符合互联网时代广大用户们的个性。在当下各种平台竞自由的时期，举不胜举的文字、图片、音乐、视频都在以广告为中心，有的文章已经彻底广告化，缺乏一种纯粹的内容分享，这就给顾少强老师的红火创造了条件。

从逻辑关系上讲，网红其实就是诸多自媒体群中的一部分，这部分比一般的自媒体具有更加强大的影响力，具有更高的媒体价值。因此，在人人都是自媒体的时代，之所以能够成为网红，是因为催生网红的因素并不复杂。

常青型网红，除了颜值高，而且还是高知

不可否认的是，对于很多网红来说，当激情澎湃和轰隆热闹的成名烟雾逐渐散去之后，他们能让粉丝们记住的绝对不是网红的高颜值，更不是漫无边际的吹捧，而是当网红站在完全黑暗的荒原之中，依然能够发出自身闪耀的光芒。

众所周知，随着计算机技术特别是互联网技术的普及，网红成为一个名副其实的世界现象。与中国网红不同的是，国外网红更注重内容和创新，而中国网红较为注重颜值。

反观国外网红的发展史，美国的网红最早追溯到2004年，由于脸谱网（Facebook）等自媒体平台的兴起，一些网民开始录制一些个性化的内容上传到自媒体平台上，结果其中不少人成为社交明星。

当然，那时的网红仅仅是作为一个输出的过程，在当时并无成熟统一的商业模式。随着YouTube推出YouTube Partner后，一些内容创造者将自己制作的内容发布在YouTube上，同时还可以针对输出内容产生的广告收益进行

分成。

完善的商业模式作用，极大地促进了美国网红的发展，特别是广告收益分成机制产生后，就衍生了在美国网红生长过程中扮演重要角色的网红基地——Maker Studios。针对网红自身发展的局限，像Maker Studios这类的MCN商业机构应运而生，并随之开始崛起。到了2014年，MCN机构开始更加垂直化，比如专门垂直做拉美内容的Mitu；专门垂直做餐饮容的Tastemade，一些针对网红内容的技术网站和工具网站也开始兴起。

随着网红经济的商业价值被渐渐地挖掘，一些网红路径也就渐渐地浮出水面。比如漫改电影，这样的路径基本就是培育网红的一个重要方式。《雷神》《复仇者联盟》两部电影捧红了洛基的扮演者、文艺青年汤姆·希德勒斯顿；《美国队长》系列电影捧红了表面肌肉内心文艺的克里斯·埃文斯，以及"语死早"塞巴斯蒂安·斯坦；《超凡蜘蛛侠》系列电影捧红了大胡子艺术家安德鲁·加菲尔德与学院派女孩艾玛·斯通；《X战警》系列电影捧红了实力派演员詹姆斯·麦卡沃伊与迈克尔·法斯宾德……

尽管这些网红已经火遍全世界，但是要成为一名长青型网红，仅仅拥有高颜值是不够的，必须还要是高知。比如，多次深度分析电影行业的汤姆·希德勒斯顿，成为艺术经理人的约瑟夫·高登·莱维特，以及怪怪艺术家马修·格雷·古柏勒……这些网红的成功路径证明，在"互联网+"的世界里，美图秀秀的功劳不再那么重要，因为更多的不需要美图秀秀的网红比颜值逆天的网红更红时，能让你实力攒粉的就只剩下一条路，那就是凭借自身的硬文艺内容了。

因为《盗梦空间》电影的火爆而红起来的演员约瑟夫·高登·莱维特，就是一个典型的案例。约瑟夫尽管成为网红，但是他不靠颜值。可能观众认为，《盗梦空间》一直游走在小众电影的范围内，但这也丝毫不妨碍约瑟夫在推特上拥有近400万的粉丝。

究其原因，这绝不仅仅因为约瑟夫是一名演员，还因为他是HitREcord网站的创始人。

作为文艺视频网站的HitREcord，比被中国网民更熟知的YouTube诞生得更早。公开资料介绍，HitREcord视频网站创建于2004年，由莱维特与其兄弟丹尼尔创办。

刚开始时，HitREcord视频网站只是一个发表莱维特兄弟作品的网站，随着莱维特在电影圈的名气和影响力越来越大，莱维特于是利用自己的名气和影响力，将HitREcord网站改变成了一个集做动画、音乐、MV、短片等一切以原创艺术为一身的视频网站。相关的内容都可以上传至HitREcord网站上，与其他志同道合者分享。

HitREcord与其他视频网站不同的是，莱维特的终极目标是以HitREcord网站为连接，让各界艺术家进行创作合作——比如如果A上传一段清唱的音乐，那么A就可以求助网站上的高手来个伴奏；如果B已经完成一首自己的音乐作品，当上传到HitREcord网站后，也可以寻求高手做一段MV；如果C已经写完了一个剧本，那么C就可以到此寻求合作者来制作成一个微电影。

2010年，莱维特在圣丹斯电影节上，就曾召集电影节的参与者，探讨HitREcord这种原创式的合作模式。在共同完成创作、记录、合作等步骤后，在圣丹斯电影节的尾声中，莱维特展出了自己的完成作品。同年，莱维特仅仅花费了5万美元就兑现了自己的承诺——让这些原创艺术家都得到应有的报酬。

其后，莱维特将HitREcord网站宣传带到了SXSW电影节和Summer in the City系列秀上。在如今的圣丹斯电影节上，HitREcord的影响力已经今非昔比，成为电影专业学生必去的展位。

截止到2016年4月，HitREcord网站已经拥有注册会员30多万人，每天都能产出将近1000个视频、歌曲、文本等多形式的艺术作品。一旦上传到HitREcord网站的原创资源被HitREcord使用，因此产生的收益就会变为现金返还给创作者。这样的网站不仅可以培育大量的网红，还可以获得海量的收益，究其原因，是因为HitREcord出产自制艺术作品，但却并没有巨型企业式的决裁机制和官僚体系。在莱维特放在首页的《HitREcord电视脱口秀》

中，网民看到的片头是：这段视频由多少张图片、多少段文字、多少个声音，以及多少段影像剪辑而成，同时还介绍了这些素材由多少人参与制作。

约瑟夫·高登·莱维特将HitREcord打造成为网红的集散地——利用一个网站、一个演员的名气，建造了一个艺术青年无国界的合作聚集地。

网红1.0到4.0，自媒体时代的网络红人

众所周知，网红并不是今天才有的。从其内容形式剖析可得出这样的结论：网红可以分为四代，即文字时代的网络红人；图文时代的网络红人；宽频时代的网络红人；直播时代的网络红人。

在直播时代，除了大量的网络视频内容外，文字和图文内容同时普遍存在，依然流行于互联网。因此，四种不同时期的网红同时存在，各自凭借自身的专长活在网络世界里。

不同时代的网红，其成为网红的技能是存有明显差异的：文字时代和图文时代，网红凭借个性和才艺；宽频时代的网红，个性和才艺依然是核心；但是在直播时代，由于特殊的消费心理等原因，越来越多的网红正在趋向于努力地拼颜值。

钱钟书先生曾说，觉得鸡蛋好吃就没有必要看看下蛋的母鸡长什么样。但是，在如今的直播时代，一个非常典型的特点是：看不到母鸡的样子，很多网民似乎就不吃蛋；或者蛋好吃也一定要想方设法看看母鸡到底长什么样。在这样的心理驱动下，一些网红试图通过整容来获得高颜值。在她们看来，高颜值的母鸡下的蛋可能更受欢迎。当然，这样的观点显然是有失偏颇的。

反观美国网红，他们似乎更注重优质内容的升级。然而，中国网红却走得更加多元化，其发展历程更为不同。投中研究院撰文指出，中国的网红更多是随着互联网的发展而不断更迭的。这种观点非常客观。

当然，网民如果依旧还沉浸在"网红就是凤姐"的回忆里，那只能说明这样的网民一定没有察觉到网红的新变化，而今的网红不仅已成为一个新风口，同时还成为一个商业潜力巨大的产业。

在经历了以痞子蔡为代表的网红1.0，以凤姐、芙蓉姐姐为代表的网红

2.0,以姚晨、韩寒为代表的网红3.0以后,现在已是以papi酱为代表的网红4.0时代。

在网红4.0时代,与网红1.0、2.0、3.0时期不同的是,网红4.0迎来了自己更加多元的,诸如"微博吸粉+孵化公司炒作+淘宝店"等多渠道变现的时代。

网红二十年变迁史,四代网红不同的走红路径

网红这一群体拥有一个典型的特征——借助互联网社交平台,通过发布文字、图片以及视频,然后再积聚人气,进而走红,吸引更多粉丝的关注。

研究发现,网红这个词汇尽管在近几年才火爆,但是网红的定义早已有之。百度发布的较为火爆的《中国网红大数据报告》,通过大数据盘点了过去十多年间关注度最高的10名网红。除了万达创始人王健林的儿子王思聪、犀利哥外,前几代的网红代表——安妮宝贝、芙蓉姐姐、凤姐也均上榜。详情见图1-8。

从图1-8可以看出,这个榜单上,集中了早期、中期以及4.0时代的网红。通过这个榜单,我们还看到互联网刚刚在中国起步的阶段,以及当下的"互联网+"时代,这四代不同代际的网红们各自走红的不同路径。详见图1-9。

尽管四代网红走红的路径各有不同,但是却都离不开互联网,甚至都很大程度上依赖互联网平

排名	姓名	关注量
NO.1	安妮宝贝	1233万
NO.2	芙蓉姐姐	1116万
NO.3	王思聪	1077万
NO.4	郭美美	909万
NO.5	凤姐	847万
NO.6	桐华	840万
NO.7	奶茶妹妹	543万
NO.8	犀利哥	364万
NO.9	papi酱	280万
NO.10	王尼玛	244万

资料来源:百度知道.中国网红大数据报告,2016-04-08.

图1-8 2006-2016年10年关注度最高的10名网红

阶段	特点	依托平台	代表人物
网红1.0	纯文字，只见其文，不见其人	BBS、榕树下等	痞子蔡、安妮宝贝
网红2.0	图文时代，夺人眼球	猫扑、天涯等	芙蓉姐姐、奶茶妹妹
网红3.0	宽频时代，网络段子手出现	微博等	留几手、回忆专用小马甲
网红4.0	移动社交时代，内容输出	秒拍、淘宝等	papi酱、张大奕eve

资料来源：梁立明. 投中专题：网红经济行业研究报告，2016-07-01.

图1-9 四代不同代际的网红们走红的不同路径

台。在这样的背景下，网红的代际也是离不开互联网技术这一载体的。

第二、三、四代网红随着互联网技术的发展而不断地更迭，这就决定了第二、三、四代网红对互联网的依赖逐渐加强，与粉丝的互动也越来越频繁和深入，其盈利模式也发生了天壤之别的变化。

在文字时代的网红，仅仅依靠互联网平台阐述自己的主张。由于互联网技术尚未普及，不管是网红，还是网民对互联网的参与度都不高，更别谈全方位包装、变现了，其经济意识也尚未觉醒。

不过，这为日后成名的网络作家们打下坚实的基础，如安妮宝贝成为畅销书作家，宁财神做了编剧。

在图片时代的网红，凭借夸张的行为，过激的言论，博取了网民的关注，以芙蓉姐姐、凤姐为代表。

此类网红深谙互联网的游戏规则，非常配合地与网络推手达成某种默契，甚至被网络推手包装，然后借助大量的网络水军的传播和造势。尽管成名之路负面新闻不断，但是却快速地积攒了人气，终究一战成名，因此也得到了价值可观的广告代言。

在移动互联网时代，此阶段的网红可谓是全面开花。微博等自媒体的出现，加速了网红成名的速度，加上智能手机的快速普及、修图软件的兴起、基于朋友圈的微信社交，这些都给有志于成为网红的人群提供了诸多机会，其门槛也越来越低。

根据CNNIC第39次发布的《中国互联网络发展状况统计报告》数据显

示,截至2016年12月,中国网络视频用户规模达5.45亿,较2015年底增加4064万人,增长率为8.1%;网络视频用户使用率为74.5%,较2015年底提升了1.3个百分点。

该报告还提到,手机视频用户规模约为5亿,与2015年底相比增长9479万人,增长率为23.4%;手机网络视频使用率为71.9%,相比2015年底增长6.5个百分点。

特别是随着4G网络的进一步完善,以及手机资费的下调,网民在微信、微博等主流App上观看短视频的行为变得更加普遍。

这样的数据足以说明,在网络视频方面,其会员付费收入表现出强劲的增长趋势。见图1-10。

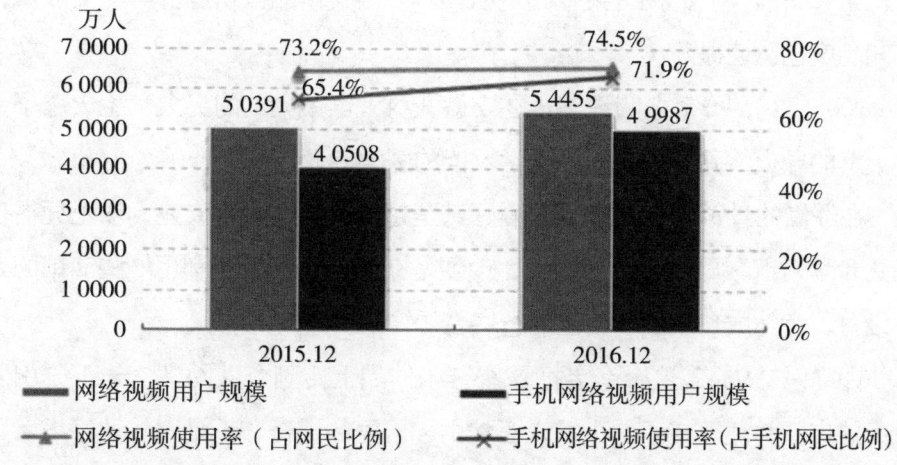

资料来源:CNNIC.第39次《中国互联网络发展状况统计报告》,2017-01-22。

图1-10　2015.12-2016.12 网络视频/手机网络视频用户规模及使用率

在此阶段,淘宝网红、微博网红,甚至是网红分析师、企业家网红,不仅迅速地收拢了大量人气,同时还为网红与资本的结合创造了条件。

四类"网络红人"最受追捧

由于网红的内涵和外延过于宽泛,随着互联网技术的发展,其不断地变化也在情理之中。当我们查阅网红的发展史不难发现,有四类"网络红人"最受追捧。

(1) 以艺术才华成名的网红。

此类网红,主要凭借自身的艺术才华,从而赢得海量网民的追捧和转发。通常,此类网红几乎都是草根出身,不是所谓的"科班生",没有接受过"传统的科班"训练,而是依托自己非同一般的天赋和兴趣,通过自我努力的学习,从而在某个艺术领域形成自己的特色。

一般地,此类网红都是将自己的作品传到个人网站或者某些较有影响力的专业网站上。由于此类网红在艺术上具有不同于主流的独特品位,因此逐渐积累起超强人气,拥有某个固定粉丝群。当其作品被粉丝群再次扩散后,其知名度也迅速提升。

2006年初,一个名叫许嵩,在安徽医科大学读大二的男大学生火爆了,其火爆的导火索并不是因为许嵩学攻读的医学专业,而是音乐。

在许嵩的骨子里,对音乐的爱好甚至超过所学的医科专业,加上凭借自己儿时学习钢琴与古典音乐功底,他硬是在课余时间里,利用一些简单的音乐设备,竟然成功录制了自己的一些音乐作品。

许嵩以"Vae"这个笔名把这些音乐作品上传到个人网站,一下子引发网民的广泛关注。音乐的火爆,必然引起网民的好奇,于是一些"好事者"开始人肉搜索这个唱功青涩,但作品却颇有点意思的、叫"Vae"的神秘年轻音乐人。

2008年,许嵩从安徽医科大学管理系毕业。其后,许嵩花了半年多的时间做了一张叫作《自定义》的唱片。在这张唱片中,许嵩一个人竟然完成了唱片的作词、作曲、编曲、录音、混音等多项工作。

辛苦的努力终于赢得回报,该专辑赢得歌迷的热烈响应,在其个人网站上预售的专辑几日内便宣告断货。在音乐领域,圈内专业学者也给予了这张专辑较高的评价。

许嵩没有与唱片公司合作，自然得不到唱片公司的推广传播，在主流媒体上传播的渠道就没有了。在互联网时代，一个全新的变革时代，许嵩仅仅靠着自己歌迷的自发宣传，硬是把这张专辑的知名度提高了很多。

在如此火爆之后，一些唱片公司老板看到了许嵩的巨大商业价值，于是纷纷期望与许嵩合作、签约，但是许嵩的唯一要求是，必须由自己独立创作、制作第二张专辑。

这样的要求显然吓退了唱片公司的老板们，没有一个唱片公司敢对一个名不见经传的新人下这么大的赌注。最后，许嵩毅然选择"单打独斗"。

2010年1月6日，在历经整整一年的耕耘后，许嵩的第二张独立创作和制作的专辑《寻雾启示》制作完成。如同第一张专辑一样，词、曲、制作都是许嵩自己亲力亲为，独揽一切。

当这张专辑发布后，如《灰色头像》《庐州月》等作品再次赢得广大粉丝的认可，凭借网友的口口相传，该专辑竟然大获成功。

仅仅凭借《灰色头像》一首歌就几乎超越了之前所有作品的彩铃下载。在《寻雾启示》发行后，这些作品不但在艺术上取得了较好口碑，而且还连续赢得搜狐、联想、华谊音乐的高度赞赏，这些公司甚至还邀请他为旗下主打产品和艺人量身打造作品。

2011年4月，许嵩被视为中国互联网音乐新一代的标杆人物，并被跨国音乐公司——海蝶音乐看重，且签约合作。

在签约海蝶后，许嵩推出了自己的第三张创作专辑《苏格拉没有底》。在实体唱片日渐式微的数字音乐时代，该专辑依然获得了超过23万张的实体唱片碟销量，轰动了中国媒体。

与许嵩类似的是，胡戈的成名之路也是自己的原创内容。胡戈是湖北省武汉人，一名电子音乐和视频作者。

胡戈的成名，源于自制的吐槽短片——《一个馒头引发的血案》，当这段视频上传至互联网后，其内容远比电影《无极》更为精彩，成为无数网民追捧的原创视频。

导演陈凯歌不惜以侵权罪而把胡戈告上法庭,让其更是名声大噪。其后,胡戈的名字和"馒头"迅速成为中国娱乐圈最为热门的话题。至今,"以×××引发的×××"类标题依然常常出现在各大媒体上,足以说明"胡戈体"的流行程度。

(2)以搞怪作秀成名的网红。

此类网红,往往通过在互联网上发布"自我展示"(包括自我暴露)的图片或者视频,引起广大网民的关注,并因此而走红,如干露露。

此类网红的"自我展示"通常哗众取宠,言论和行为异常"出位",尽管如此,却能够引起广大网民关注。当然,此类网红的目的性都非常强,包含一定的商业目的,这与当下的明星绯闻炒作,其本质上没有太大区别。在此类网红中,代表人物有:凤姐、hold住姐。

2011年8月,由于在综艺节目《大学生了没》节目中扮丑搞怪,加上热衷卖弄中英文夹杂的跩调风格,谢依霖因此引起网民的热议和追捧,其火爆程度大大超出制片方的预期。节目视频播出后10天的点击率,竟然突破101万,谢依霖因此被网民称为"hold住姐"。

2012年11月23日,爆红的谢依霖,最终被确认参演《小时代》,谢依霖饰演的角色就是一个肌肉发达、头脑简单的"运动款"女生唐宛如。

(3)以话题、现象成名的网红。

此类网红是被爆红,其实其个人主观上并没有刻意炒作自己,而是其某一行为或言论无意间被网民通过照片或视频上传至互联网后,由于其自身身份与行为表现之间的反差性效果,或透出常人所不具备的独特闪光点,在大众猎奇心理的驱动下而被投以极高的关注度。在此类网红中,代表人物有:奶茶MM、龅牙哥。

如今的奶茶MM,可谓是功成名就,仅仅与京东创始人刘强东联姻,就足以引发网民的关注。如今回头看,奶茶MM的成名路却比较简单。

2009年7月3日，作为学生的章泽天，与中国任何一个高中生都没有什么不同，因为同学在高二新学期重新分班而互拍照片留念，其后，同学将章泽天自己手捧奶茶的照片上传到QQ空间。按照正常逻辑，这样事情也就算结束了，但是章泽天手捧奶茶的照片经过网络转载而广为传播开来。

2009年12月13日，百度"皇家马德里吧"最早公布了"奶茶妹妹"的真实姓名以及其所在的学校。之后，不少球迷涌入百度"章泽天吧"。经过整理发现，章泽天的这张照片，其来源是猫扑论坛一个网友的签名图。在论坛流传了大概3天后，陆续就开始有网友打听图片上的女生是谁。

2009年12月29日，猫扑论坛一位自称"笔袋男"的网友发帖"哥散尽全部家当求此女"，帖子里竟然贴出了章泽天的照片，并贴出一封求爱信。

2009年12月29日晚间，成千上万的网民开始曝光奶茶MM的照片。

2009年12月30日，"奶茶MM"的称呼出现在互联网上，同时帖子也上了猫扑首页推荐，"奶茶MM"就这样成了网红。

与"奶茶MM"成名类似的还有"龅牙哥"。2011年3月，因为6年前无意中拍摄的一张有喜感的老照片，他莫名其妙地爆红互联网。

一位露着整齐洁白牙齿的男生独具特色的表情和洁白的牙齿的相片被网友们PS了近百个版本，如还珠格格版，国产007版，葫芦娃、忍者神龟、美少女战士等动漫版……

其转载量超过百万次。让"龅牙哥"没有想到的是，一夜之间，自己竟然成了网红。这个戴着眼镜笑着露齿的男孩成功"被走红"。

（4）精心策划、网络推手驱动的网红。

顾名思义，这类网红必须要借助网络推手成名。一般地，此类网红的爆红通常是通过其背后团队的精心策划。

这类网红通常会选择在某个大众关注度很高的场合通过某些举动刻意彰显网红自身的特质，给网民留下一个较深的印象，然后其背后团队组织大量的人力、物力进行推广和宣传，在中国各个人气论坛发帖讨论，造成一个很热的假象，旨在引起更多网民的关注和转发。在此类网红中，最具代表的人物是芙蓉姐姐。

在芙蓉姐姐的成名路中，其炒作的痕迹非常明显。"陈墨网络互动营销机构"创始人的陈墨回忆称，在当时，天涯论坛为了吸引更多点击率，于是想炒热一些话题。

陈墨通过监控发现，活跃在高校BBS上且也有较高知名度的芙蓉姐姐有成为网红的潜质。于是，陈墨便找到几个版主，借此炒热芙蓉姐姐。

在炒作芙蓉姐姐的过程中，陈墨负责拍摄制作视频，其后，还在互联网上寻找合适的写手写相关文章，再找其他网站持续跟进。

为了炒热芙蓉姐姐，陈墨通过自己在宣传工作中积累的人脉，找传统媒体记者进行深度报道。陈墨回忆说："这种方式就是用'草根'来炒热'草根'。由于当时的'天涯'正在寻找投资机构，当芙蓉姐姐成为网红三个月后，'天涯'获得了500万美元的投资。"

陈墨坦言，天涯获得风投，虽然不能完全归功于芙蓉姐姐的走红，但是芙蓉姐姐所带来的流量变化，至少是对天涯获得高额投资的一个有力推动。

第二章

★ 有限的网红，无限的长尾

从2015年开始，网红经济模式已经开始显现，特别是到了2016年以后，网红经济开始出现在供应链、消费模式以及商业变现上，其后，网红经济变现模式日趋规模化、多元化。

在中国，网红经济一个重要的标志是：阿里巴巴已经开始力推网红经济了。为此，阿里巴巴CEO张勇曾在多个场合强调网红的价值，他说："网红经济，是新经济中诞生的一个全新经济角色，展现了互联网在供需两端形成的裂变效应。这个角色在制造商、设计者、销售者、消费者和服务者之间产生了全新的连接，展现了在互联网全面融合新经济时，带来的无穷活力。现在越来越多原创的多媒体的内容出现在整个消费过程中，这对消费决策的拉动，是原来的传统文字和图片做不到的。这样的方式变革，我相信在2016年后会出现爆发式增长，会极大地影响到网红在消费内容中的形态。"

在张勇看来，作为粉丝经济的网红经济，要想实现其变现的目的，就必须把粉丝转化为消费者。这可谓是"有限的网红，无限的长尾"。

网红的胜利就是长尾理论的胜利

在传统媒体时代，明星的成名，凭借的是电视、杂志等媒体包装，毫不客气地说，这是媒体"中心化"运作出来的结果。在当下的移动互联网时代，由于互联网的"去中心化"，为网民成为网红提供了先天的条件。

纵观很多网红，由于互联网的存在，她们根本就不需要等待星探们发掘，也不需要专业公司包装，只需要借助社交媒体平台，持续刊发新颖的原创内容，吸引粉丝的关注。

在这样的语境下，人人都有机会成为网红。当然，成为网红的一个必要条件，就是拥有海量的粉丝。据公开资料数据显示，美拍平台上粉丝超过百万的网红已经有数十人，微博"大V"和各种微信自媒体达人更是达到一个庞大的数字。

从这个角度来看，网红火爆的业态现象生动地印证了"长尾理论"——我们的经济和文化正在从为数较少的主流产品和市场向数量众多的狭窄市场转移。注意力被稀释是必然，粉丝和流量被瓜分，分布在一个个社群。因此，网红之所以能够红遍整个网络，甚至家喻户晓，究其原因还是源于互联网。毫不夸张地说，网红的胜利就是长尾理论的胜利。

米歇尔·潘触动了长尾理论的机关

研究发现，火爆的网红经济离不开视频时代的崛起。在美国的网红中，大多数都与视频有关。早在2004年，YouTube视频化给美国的达人们提供了可成为网红的土壤，比如美妆达人Michelle Phan（米歇尔·潘）。

在当下的互联网时代，随着个性化需求越来越细化，不管是大众消费品牌，还是高端消费市场，都不可能凭借一个拥有大众影响力的明星在主流媒体上代言就把所有广告受众全部纳入囊中。究其原因，在互联网化的过程中，多元化的传播渠道更为宽泛，受众也更为分散。

作为传统企业的欧莱雅，正是因为看中网红的商业价值，也不得不放下"傲慢与偏见"的姿态，开始向网红营销迈进。当互联网影响已经席卷而来时，传统企业欧莱雅也意识到互联网不仅会改变传统的推广模式，甚至还可左右消费者的需求模式。为了适应这种新变化，2013年8月15日，欧莱雅奢侈品部门特此推出一个全新的化妆品线EM by Michelle Phan。

在消费者的意识中，欧莱雅奢侈品部向来以高大上著称。其在选择形象代言人时，往往选择时尚大咖，如乔治·阿玛尼（Giorgio Armani）、拉尔夫·劳伦（Ralph Lauren）等。

欧莱雅为米歇尔·潘推出一个全新的化妆品线，足以可见米歇尔·潘的重量。可能会有人问，米歇尔·潘为何能够赢得如此高大上的国际品牌的垂青呢？

我们团队也与读者一样好奇。当我们查阅米歇尔·潘的履历时发现，米歇尔·潘是越南裔美国人，1987年4月11日出生于马萨诸塞州。

米歇尔·潘是一位业余化妆师，又是IQQU化妆品牌的设计者，现任兰蔻美国官网彩妆产品代言人。在米歇尔·潘的事业中，最为抢眼的是在视频网站YouTube上发布的彩妆视频，米歇尔·潘拥有近700万的全球观众，该视频点击量近10亿次。

在米歇尔·潘的推广和营销中，不管是这两年的广告代言，还是其创业，都完全建立在YouTube视频基础之上。这可能就是米歇尔·潘无论是创业，还是代言，都没有停止过在视频网站YouTube上每周更新彩妆视频的关键因素。

众所周知，欧莱雅奢侈品部门拥有兰蔻、植春秀、碧欧泉等国际知名品牌，还曾经邀请国际影坛明星朱莉娅·罗伯茨、安妮·海瑟薇等作为广告代言人。

这一次，欧莱雅正是因为看中了米歇尔·潘的广泛影响力，才选择其作为广告代言人。这也是欧莱雅放弃高贵企业形象，主动与网络视频明星米歇尔·潘深度合作的关键。

反观欧莱雅的品牌推广发现，其实早在2010年，欧莱雅奢侈品部门就开始与米歇尔·潘有合作，米歇尔·潘签约成为兰蔻品牌的代言化妆师，不仅如此，米歇尔·潘还每月推出推荐兰蔻产品的化妆视频。

米歇尔·潘的视频传播显然是奏效的，它不仅提升了欧莱雅兰蔻品牌的品牌知名度，还提升了其品牌的口碑。因此，为了更好地贴近互联网时代，欧莱雅不得不顺应市场趋势。因为互联网时代下的市场已经发生了巨大的变化，这个变化主要有三个方面：

其一，主流审美已经由观众选择而不是被行业权威左右。在互联网时代，传播渠道不再是一种稀缺的资源。像博客、微博、播客这样的传播介质已经遍地都是，而且其发布门槛也很低、很方便，只要拥有互联网，并可以注册和登陆发布视频和文字等信息即可。以此可见，传统渠道的信息发布已经被严重影响。

当互联网把自媒体的渠道打通之后，内容制造商们已经不再把行业权威作为控制渠道的重点，在这场争夺战中，主要目标是吸引内容受众的目光。作为传统企业品牌的欧莱雅，同样放弃曾经只买足传统广告时段来影响消费受众的做法。

在这样的背景下，米歇尔·潘的化妆视频得到受众的广泛青睐，其接近10亿次的点击量足以证明行业权威已经不能完全影响消费受众的选择。从欧莱雅选择与米歇尔·潘合作可以看出，"主流审美开始由大多数人主动来决定，而不再是被动接受，让行业权威牵着走。不但如此，大众品位还反过来影响行业权威对于自身的定位。而品牌如果再把自己束之高阁，无疑是和自己的顾客背道而驰，越走越远"。

其二，互联网背景下的草根文化已经影响到品牌的推广和销售。当我们了解米歇尔·潘之后发现，她和同时代互联网背景下的自造明星一样，特征较为明显：第一，拥有一技之长；第二，平民背景；第三，不断地通过

YouTube等社交网络平台发布自制内容;第四,常与粉丝互动。

由此可见,在互联网基础上的自媒体已经日趋普遍,即使是国际品牌欧莱雅也不得不放弃凭借大众影响力的明星代言以及在主流媒体上投放广告就万事大吉的营销推广。自媒体的拓展,使得内容传播渠道更为宽广,尽管网络群体分散了,但是每个群体的共性却在加强。

这也正是欧莱雅看中米歇尔·潘的地方。因为对米歇尔·潘的受众不仅拥有可测量的点击率,还可以从欣赏和消费取向分析中拓展精准的定向营销渠道。为此,路透社电视财经记者及评论员陈一佳撰文指出:"对于品牌来说,优势在于三点:第一,很容易判断这是不是你要的群体;第二,很好定位向他们宣传什么,用什么语言和手法去宣传;第三,可以及时获得他们的反馈并进行调整。当然,作为大众品牌可能需要依靠的类似渠道就比较多,但总体来说更加有效。其实不光是市场营销策略开始走群体化路线,产品开发也是这样,在受众更加明确的状况下,更容易给他最适合的产品。"

其三,传统企业的市场营销越来越互联网化。在传统企业的市场营销中,越来越多的传统企业正在营销互联网化。即使国际品牌的传统企业欧莱雅也不例外。欧莱雅在给米歇尔·潘产品线的定制中,不仅仅标注米歇尔·潘的名字,还在新产品线中继续沿用米歇尔·潘的视频营销、社交网络、会员制等营销手段,其目的还是期望让米歇尔·潘能够脱颖而出。

欧莱雅营销互联网化的结果是让产品和形象代言直接成为网络的销售途径。究其原因,互联网下的受众消费,其场所已经被网络化和移动化。对此,路透社电视财经记者及评论员陈一佳撰文指出:"那在产业链上的这两个环节的结合也变成了顺理成章的事。除了减少经营成本,对于品牌来说产品销售成功率也可能跟随提高,一方面产品和受众相关度提高了,另一方面冲动消费的可能也会增加。"

作为世界上最大的美妆公司,欧莱雅已经开始慢慢尝试进一步适应网络时代的品牌策略,选择米歇尔·潘就是其中一步。但是有一点是不变的。欧莱雅依然是通过选择对的,符合时代的人去树立自己的品牌。而在大众做主的网络时代，这个面孔必然走向平民化。

从这个角度来看，作为网红，米歇尔·潘的胜利靠的就是克里斯·安德森（Chris Anderson）所著中的"长尾理论"。

众所周知，长尾理论已经成为互联网时代最有影响的理论之一。克里斯·安德森还揭示了长尾现象是如何从工业资本主义原动力——规模经济和范围经济的矛盾中产生出来的。同时，长尾理论转化为行动，最有力、最可操作的就是营销长尾。通过口碑营销，长尾理论将在不可能的情况下实现销售。营销长尾带来了可信任的、真实的、自然发展的、自下而上的、基层民主的意见，并最终影响到21世纪消费者的行为。

那么什么是长尾理论呢？根据搜狗百科的解释，所谓"长尾理论"，是指只要产品的存储和流通的渠道足够大，需求不旺或销量不佳的产品所共同占据的市场份额可以和那些少数热销产品所占据的市场份额相匹敌甚至更大，即众多小市场汇聚成可产生与主流相匹敌的市场能量。也就是说，企业的销售量不在于传统需求曲线上那个代表"畅销商品"的头部，而是那条代表"冷门商品"经常为人遗忘的长尾。详见图2-1。

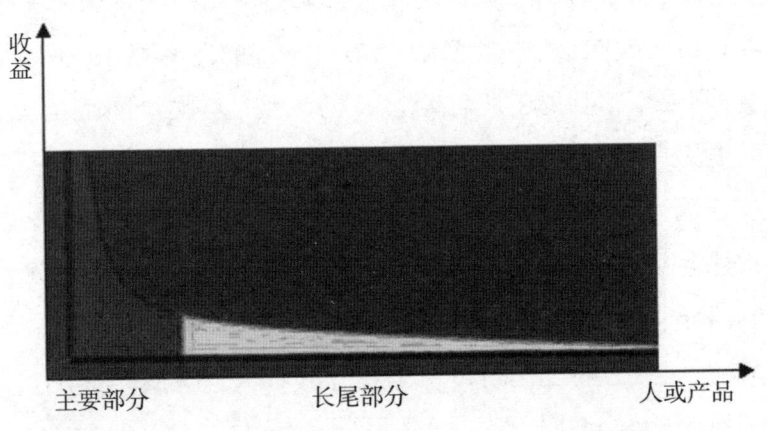

资料来源：搜狗百科.长尾理论，2013-12-26.

图2-1 长尾理论模型

克里斯·安德森研究认为，长尾理论是基于网络时代兴起的一种新理论。互联网这个新技术使得长尾营销凸显其巨大商业价值。

对于长尾理论的巨大作用和影响力，中国社科院信息化研究中心秘书长、《互联网周刊》主编姜奇平在《长尾理论》推荐序中写道：长尾理论是对实践的深度总结，是信息时代的"隆中对"。长尾理论对"二八定律"的突破，看似偶然，实际是必然的。

姜奇平提醒企业经营者说，大热门产品的总利润，竟然同冷门产品——长尾产品的利润总和相等！这不是主观臆造，而是大样本统计得出的结论。这意味着，如果将长尾上的小批量多品种生意集合为一个生意，那么这种机会是无限的——这个生意可以同大热门生意分享同样的利润。也就是说，将冷门集合在一起经营，与经营热门在利润上可以是一样的。大热门、次热门和冷门集合，可以像魏、蜀、吴那样三分天下。

有限的网红，无限的"长尾"粉丝

相比中国网红经济的千篇一律，海外网红经济的赢利模式更为先进和多元化。据美国财经杂志《福布斯》发布的2015年YouTube视频明星收入排行榜数据显示，每一位视频主播，其主攻的方向都不尽相同——有的网红是游戏解说、有的网红是音乐创作人员、有的网红是美妆师、有的网红是情景喜剧演员……当然，还有一些网民想象不到的重口味频道，那些主播们常常把自己称为YouTuber网红。

排在收入排名第一的YouTuber网红——谢尔贝格，年净赚1200万美元，比中国最火的网红收入高不少。

作为网红的谢尔贝格，主要专注于恐怖游戏和动作游戏的解说，由于重视原创内容，赢得了网友的青睐。

数据显示，2013年，谢尔贝格的频道粉丝由350万很快就涨到1200万。如今，谢尔贝格已经有超过4200万名的订阅者。

在解说游戏攻略的同时，谢尔贝格还会推荐使用各种游戏道具，甚至是零食。经谢尔贝格推荐的产品，其后销售都非常良好，大多供不应求。

另外，谢尔贝格也在做公益。为此，谢尔贝格曾举办了"Water Campaign"的慈善活动。此次慈善活动，谢尔贝格预计自己能够筹到25万美元，但是却大大超过这个预期，筹得了44万美元的善款。

海外网红的劲力十足，中国网红的发展也不示弱。随着中国视频网站的攻城略地和直播技术的日新月异，不计其数的直播网红开始重视视频直播，但其中有些网红思维较为僵化，总是惯于以摇首弄姿博得粉丝眼球，结果却事与愿违。

在网红4.0时代，真正赢得粉丝广泛关注和喜爱的网红，绝对不是挤胸露腿的整容脸主播，而是那些不做作、率性而为的主播。例如被粉丝们戏称为"电竞贾玲"的陈一发，直播时为防止走光，还在衣服上贴了黑色的建筑胶带。

作为网红的陈一发，其直播范围非常广泛——如唱歌、游戏、cosplay，陈一发样样都做，甚至有时直播其旁若无人的加班。不仅如此，陈一发偶尔还会做粉丝的知心大姐。在陈一发的4个淘宝店铺上，销售的商品涵盖了生活中的吃穿住行。

大量事实证明，技术正在将大规模市场转化成无数的利基市场。这样的实践已经被美国网红谢尔贝格完成了。对此，姜奇平在《长尾理论》推荐序中谈道，长尾理论在美国市场上观察到这样一个统计规律性：在以物理为基础的"短头"经济中，20%的热门产品，带来80%的收入，并且带来100%的利润；而在以知识为基础的"长尾"经济中，20%的热门产品，将集中为10%的热门产品，其进一步分化为2%的大热门产品和8%的次热门产品。2%的大热门产品，带来50%的收入和33%的利润；8%的次热门产品，带来25%的收入和33%的利润。剩下的90%长尾产品，将带来25%的收入和33%的利润。从利润上看，出现了平分天下的3个33%。

姜奇平的观点很有代表性。持同样观点的还有《华尔街日报》《纽约杂志》《华盛顿邮报》《赫芬顿邮报》等多家报刊媒体。

第二章 有限的网红，无限的长尾

时任《连线》杂志主编的克里斯·安德森坦言：长尾理论是众多企业成功的不二法门，它将改变企业生产与营销的思维，带动新一波商业势力的消长。而长尾理论的影响不仅限于企业战略，也将左右人们的品位与价值判断。大众文化不再万夫莫敌，小众文化也将有越来越多的拥护者。唯有善于并充分利用长尾理论的人，才能在未来呼风唤雨。

2004年10月，时任《连线》杂志主编的克里斯·安德森在一篇文章中用"长尾理论"来解释这个问题。克里斯·安德森认为，只要拥有足够大的渠道，哪怕是非主流的、需求量小的商品，其销量也能够与主流的、需求量大的商品销量相匹敌。这就意味着传统的"二八定律"被长尾理论彻底颠覆。

在克里斯·安德森看来，长尾效应（Long Tail Effect）的商业潜力是巨大的。不过，长尾效应中的"头"（head）和"尾"（tail）仅仅是两个统计学的名词而已。一般地，正态曲线中间的突起部分叫"头"；两边相对平缓的部分叫"尾"。

如果从消费者需求的角度来分析，头部集中了大多数需求，这部分需求通常是流行商品、畅销商品，而个性化的、零散的小量的需求往往分布在尾部。不过，正是这部分差异化的、少量的、零散的需求，在需求曲线上却能形成一条长长的"尾巴"。这就是长尾效应存在巨大商业价值的核心所在。

在如今，海量的信息体系为长尾理论的实践提供了一个绝佳的营销平台。

在互联网和新媒体的促力下，被奉为传统商业圣经的"二八定律"开始有了被改变的可能性，这一点在媒体和娱乐业尤为明显，经济驱动模式呈现从主流市场向非主流市场转变的趋势。亚马逊、iTunes在线音乐商店、谷歌广告联盟都已经从中尝到甜头，网红的胜利只是长尾理论在互联网营销领域的一个小小尝试。

粉丝就是用户

在网红经济时代，当海量的资本进入后，社群经济并没有如专家所预测的那样开始没落，而是在自我变革和颠覆地开始细分。

在这波自我转型中，网红经济就直接证明了社群经济细分化的商业价值。在目前，所有的网红孵化模式都正在试图打造社群化群落，如丁辰灵的网红商学院，其手段就是通过收取会员费，一期一期地招生拉群。其后，再邀请知名的网红为其分享培训心得和成长历程，而且已经连续开办了好几期，丁辰灵也因此成为网红社群第一人。

从这个角度来看，粉丝就是用户，粉丝就是价值。这样的网红经济思维无疑是无比正确的。

网红经济细分社群价值

大量事实证明，在"互联网+"时代，粉丝就是需求，粉丝就是传统企业产品销售的潜在客户。网红经济正是利用了互联网，彻底改变了传统企业的营销模式，同时也开创了不被传统营销专家看好的长尾营销。

网红的营销范例可以给许多传统企业经营者借鉴。在今天，同质化产品都在以价格战血拼，这样的营销手段无疑会导致利润越来越薄。这就需要像网红营销一样，采用新的营销策略来突破传统的营销定势，而长尾营销就是新的营销思维。

姜奇平认为，安德森的《长尾理论》中，短头就是规模经济，长尾就是范围经济。通俗地说，规模经济，就是品种越少，成本越低；范围经济，就是品种越多，成本越低。规模经济通向单一品种、大规模生产，范围经济则通向小批量、多品种。

从这个角度来看，就必须重新评估小众的力量。过去企业经营者只能关注曲线的"头部"，往往忽略处于曲线的"尾部"——需要更多成本才能关注到的潜在需求。

对此，百度百科举例说，在销售产品时，厂商关注的是少数几个所谓"VIP"客户，无暇顾及在人数上居于大多数的普通消费者。而在网络时代，由于关注的成本大大降低，人们有可能以很低的成本关注正态分布曲线的"尾部"，关注"尾部"产生的总体效益甚至会超过"头部"。例如，Google网站是世界上最大的网络广告商，它没有一个大客户，收入完全来自被其他广告商忽略的中小企业。

对于这样的现象，安德森撰文指出，网络时代是关注"长尾"、发挥"长尾"效益的时代。基于此，网红用网络营销的成功证明了长尾理论的巨大商业价值。然而，中国很多企业却很少运用这个理论。在很多营销论坛上，一些营销专家依然支持"二八定律"，他们强调，由于成本和效率的因素，人们只能关注重要的人或重要的事，如果用正态分布曲线来描绘这些人或事，人们只能关注曲线的"头部"，而将处于曲线"尾部"、需要更多的精力和成本才能关注到的大多数人或事忽略。用"二八定律"来解释就是：20%的顾客可能给商家带来80%的利润。

事实上，长尾理论不仅颠覆了传统的"二八定律"，而且还填补了营销理论的空白。克里斯·安德森认为，只要存储和流通的渠道足够大，需求不旺或销量不佳的产品共同占据的市场份额就可以和那些数量不多的热卖品所占据的市场份额相匹敌，甚至所占份额会更大。

比如，传统的卖场中，在一家大型书店里，假设该书店只能摆放10万本书，若读者要想购买这10万本以外其他的书就较为困难。然而，在当当网书店的图书销售额中，竟然有四分之一来自其销售量排名10万以后的书籍。这让很多企业经营者不理解，而且这些"冷门"书籍的销售比例正在高速成长，预估未来可占整个书市的一半。

这就意味着消费者在面对无限的选择时，真正想要的东西和想要取得的渠道都出现了重大的变化。一套崭新的商业模式也跟着崛起。简而言之，长尾所涉及的冷门产品几乎涵盖了更多人的需求，当有了需求后，就会有更多的人注意到这种需求，从而使冷门不再冷门。

意见领袖能影响20%的粉丝，其价值就已经不小了

不可否认的是，要想有效地激活网红经济的最大商业潜力，就必须深挖意见领袖的影响力。投资人徐小平在接受媒体采访时就这样说过："中国人的创造力、兴趣爱好、激情、思想、知识和才华都能够在网上找到事业方面的一席之地，实现个人的价值，这是网红时代最大的意义。"

徐小平看到了网红的本质，就是把其个人的各种能力与网民需求点有效地结合起来，最终成就了自己的个人商业价值。的确，在"互联网+"时代，网红作为商业介质，不仅把自己植入网红产业链中，同时也是连接粉丝节点的载体，这种渠道可以把网红产业作为一个闭环。

在节点影响力下，各个社交平台上的网红，通过发布的文字、图片、视频聚集上千万的粉丝，这具有典型的社群特点——粉丝都拥有共同的兴趣和某种价值观，并以自愿为前提，帮助网红完成某种商业行为。

很多传统企业正是看到了这股影响力背后的强流量，都纷纷出手，找到价值相匹配的网红做营销。

在众媒体时代，网红霸占着以微博和微信为主的新媒体生态圈。在这里，网红作为上百万，甚至上千万粉丝量级的超高人气团体，不仅可以引领粉丝的消费需求，同时还可以变现，具体体现在评论、转发、点赞的可视化数据上。

例如，时尚圈自黑型新晋网红艾克里里，其每条发布日常生活琐碎的微博，评论都近万条，点赞数很多超十万，甚至与其调性并不搭的钻石品牌也开始找其投放视频广告。

在网红4.0时代，作为传统企业，必须懂得激活社群价值，特别是在做网红营销时，必须找到关键节点人物。

第二章 有限的网红，无限的长尾

在网红营销的环节中，网红不仅是资源的节点，也是社群里的意见领袖，在社群里起到非常重要作用——核心凝聚力和活跃度。这种影响力可以使社群不断壮大，并保持有新鲜感。

在褚橙的推广中，像韩寒这样拥有较大的影响力的作家，在互联网上无疑具有意见领袖的特质，在促进年轻消费者购买时具有助推的引爆点。在点燃这个引爆点的过程中，褚橙的个性化包装就是点燃这个引爆点的关键。本来生活网副总经理蒋政文为此直言不讳地说："要把包装变成一种营销工具"。

在褚橙的营销推广中，个性化包装是其核心的一个营销手段。蒋政文直率地承认，这样的个性化包装的灵感源于可口可乐。蒋政文在接受媒体采访时说道："其实，我们也是受了可口可乐卖萌瓶，以及台北故宫博物院推出的'朕知道了'纸胶带创意的启发。"

之所以借用可口可乐的设计思路，是因为"互联网+"时代，消费者更喜欢个性化的产品包装。在蒋政文看来，"现在的年轻人很喜欢这种个性化的表达方式，我们希望通过一些幽默的、符合网络语境的东西来消解褚老个人故事所带来的沉重感，让年轻人觉得更容易亲近"。

在这样的推广思维下，本来生活网进一步创新升级了褚橙的"个性化包装"：第一，通过本来生活网自身团队的创新发散；第二，通过官方微博等渠道与网友互动征集，进而推出了一系列印有个性化标语的包装。如"虽然你很努力，但你的成功主要靠天赋"；"即便你很有钱，我还是觉得你很帅"（见图2-2）；

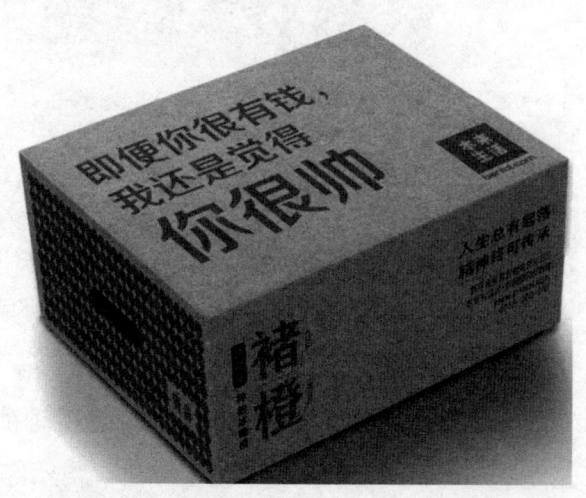

资料来源：本来生活网."现售：褚橙-即便你很有钱，我还是觉得你很帅"，2016-05-24.

图 2-2 "褚橙-即便你很有钱，我还是觉得你很帅"包装

"2014，再不努力就胖了"……

褚橙诸多的个性化包装一经推出，立即得到了用户的一致认可，并在微博等媒体上广泛地被转发，很多网民热烈地追捧褚橙的个性化包装。

本来生活网为了让更多的网民了解褚橙的个性化包装，特此借助一些大V级意见领袖，让这些意见领袖顺势推广。当然，在选择意见领袖时，本来生活网有自己的标准："他们不见得是具有广泛影响力的大V或者社会名人，但一定是在特定圈子内有着坚实粉丝基础的人，是平民意见领袖。"

有了意见领袖的标准之后，可能读者会问，如何才能找出这些意见领袖呢？本来生活网经过多轮的沟通筛选之后，精挑细选出像韩寒、蒋方舟这样在年轻消费者中具有特定影响力的名人，同时还挑选出像阿芙精油和雕爷牛腩创始人雕爷、《后宫甄嬛传》作者流潋紫等在不同领域有着较高影响力的名人。然后，再将定制

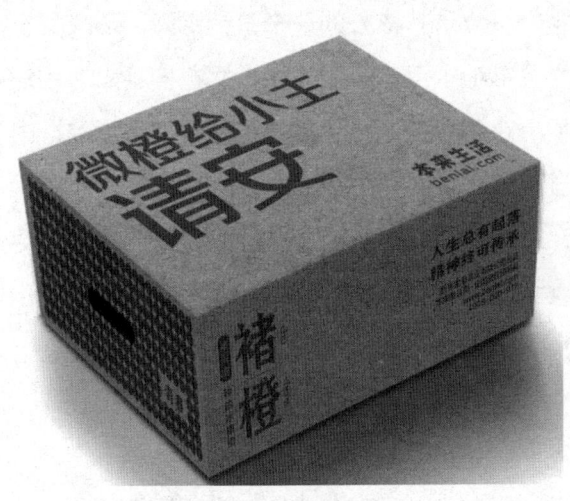

资料来源：本来生活网."现售：褚橙－微橙给小主请安"，2016-05-24。

图2-3 "褚橙－微橙给小主请安"包装

化包装的褚橙寄送给这些名人。如，送给雕爷的个性化包装语——"即便你很有钱，我还是觉得你很帅"；送给流潋紫的个性化包装语——"微橙给小主请安"，见图2-3。

褚橙如此个性化的定制包装，让意见领袖们感到意外，于是他们积极主动地在互联网上晒出自己的个性化包装。蒋政文为此坦言："跟大V们互动，需要花很大的精力，效果不见得很好；但是跟这些特定圈子的意见领袖沟通，他们更加平民化，也更乐意互动。"

这就是长尾理论的一个具体的注释。在"互联网+"时代，互联网技术

使得渠道和推广扁平化，这就意味着产品的推广不再像传统的模式那样。为了扩大宣传效果，本来生活网还与蒋方舟合作推广，当蒋方舟的新书《我承认我不曾经历沧桑》出版后，蒋方舟把书和褚橙一起送给自己的圈子。一些在文艺圈中有影响力的知名人士在微博等社交媒体与网民分享，使得传播效应二次放大。见图2-4。

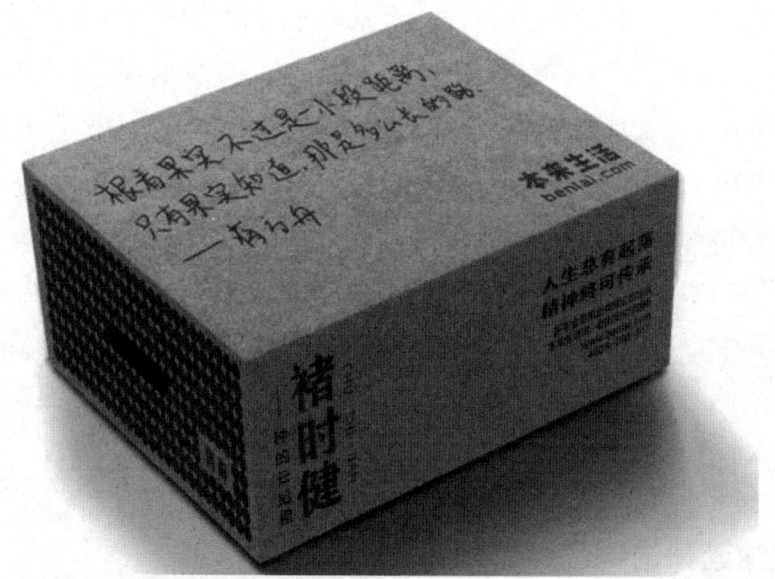

资料来源：凤凰时尚.蒋方舟题辞向褚时健致敬，褚橙推出名人订制限量版，2013-11-15.

图 2-4 褚橙给蒋方舟定制的个性化包装

此外，本来生活还精选了一批在年轻人中有影响力的"青年领袖"，推出了名为"褚时健与中国青年励志榜样"的视频系列。在这一系列片子里，青年作家蒋方舟、前中国著名女排运动员赵蕊蕊、2008年在北京奥运会开幕式节目彩排中不慎失足摔成高位截瘫的舞蹈家刘岩等80后名人，相继讲述自己的励志故事来致敬褚时健。视频上线三天内，优酷总播放量已突破100万次。

对此，蒋政文认为："社会上可能有80%的人都不认识这些人，但是只要他们能影响到那20%的人，对本来生活网而言，就已经足够了。"

小众的粉丝，大大的商业潜力

众所周知，长尾市场也被称之为利基市场，即拾遗补阙或见缝插针。现代营销学之父菲利普·科特勒（Philip Kotler）在《营销管理》一书中给利基下的定义为：利基是更窄地确定某些群体，这是一个小市场并且它的需要没有被服务好，或者说"有获取利益的基础"。通过对市场的细分，企业集中力量于某个特定的目标市场，或严格针对一个细分市场，或重点经营一个产品和服务，创造出产品和服务优势。

反观网红经济，其基础就是海量的粉丝，只有把无数的粉丝聚合起来，才能挖掘网红经济中巨大的商业价值。因此，从这个角度来讲，在网红经济中，小众的粉丝，却有大大的商业潜力。

迅速延伸的网红经济新业态

对于papi酱，《人民日报》是这样报道的：

papi酱何许人也？在现实生活中，她是中央戏剧学院导演系在读研究生；在网络世界里，她是在不到半年时间里迅速蹿红，个人微博粉丝超过760万人，总粉丝数超过1181万人的"2016年第一网红"。

2015年10月，papi酱开始在网上上传原创短视频，她以一个大龄女青年形象出现在公众面前，对日常生活进行种种辛辣的点评和吐槽，此后，她每周一发布自己的视频节目。截至2016年3月20日，她的节目在各视频网站的总播放量达2.9亿次，集均播放量753万次。而就在不久前，真格基金、罗辑思维、光源资本和星图资本前后共投资papi酱1200万元，这也是papi酱拿到的首轮投资，其目前估值1.2亿左右。

从这段简短的报道不难看出，papi酱的走红源于其庞大的粉丝群。的确，在流量变现已经成为互联网商业逻辑的时代，作为拥有庞大粉丝群的papi酱，其商业价值自然是奇货可居。

可能读者会问，是什么原因把papi酱这把火给烧起来的，又是如何烧成这样呢？据了解，papi酱的两场广告招标情况沟通会的门票价格达到每张8000元，且每场只有100张。

尽管价格不菲，但是在2016年3月27日举行的第一次沟通会放票不久，这100张门票就被广告主、代理机构抢购一空。

不仅如此，在papi酱的广告招标说明中明确规定，参加此次竞标的企业，其注册资金实际缴纳金额必须超过300万元，不仅如此，还必须先行冻结100万元的信用保证金。

这样的苛刻条件不仅没有影响企业参与广告买卖会的热情，甚至还创造了阿里巴巴拍卖平台的纪录。在这些企业看来，papi酱的商业价值是巨大的，即便需要跨过如此高的门槛也是值得的。为此，部分企业甚至表示，企业准备了1000万元的资金参与此次"新媒体广告第一拍"。

papi酱的火爆，引发中国网红的资本化进程。其实，无论在中国，还是国外，以papi酱为代表的网红，在经过1.0、2.0、3.0的发展之后，其商业价值才逐步资本化，这并不是什么新生事物。

在中国，1.0时代的网红，主要凭借文字；2.0时代的网红凭借图片，如芙蓉姐姐，在推手们的帮助下，芙蓉姐姐一举成名，成为互联网上人尽皆知的网红；此后，3.0时代的网红，凭借自己在微博、博客上的影响力，特别是一些微博大V，在自媒体时代可谓是风起云涌；随着高速带宽的到来，更多的多元化的自媒体平台的诞生，如微信公众号、短视频、直播平台等，为越来越多的网红爆红创造了条件。

基于此，围绕网红衍生出的产业链也令人眼花缭乱：网红孵化公司、网红培训班应运而生，网红推手、网红营销公司成为其背后的强大团队，网红代言产品、网红经营的淘宝店也收益大增……

社群经济下的网红经济

在很多网民的意识中,所谓网红,都是指狭义的网红,主要指在互联网或现实中因相关事件或行为被网民关注,其后因此而走红的人。曾经的网红,如芙蓉姐姐、罗玉凤等。如今的网红定义依然没有走出狭义网红的定义,主要是指有颜值且善于自我营销的网红女性。

大量事实证明,不管广义网红还是狭义网红,其自身品牌影响力依然较强。在当下,网红由于善于自我营销,也俨然成为一个IP,逐渐演化成为一个点到群的网红经济,其个人品牌的号召力和影响力十分巨大。

不管是芙蓉姐姐,还是罗玉凤,其个人炒作营销的能力都是非常强的。随着网民需求的变化,网红经济的变现趋势也正在发生翻天覆地的改变,如当前的网红电商,就是网红变现趋势的一个重要转折,简言之,网红经济就是一个社群经济的时尚演化。

早在2015年,据阿里巴巴集团CEO张勇公开的一组数据显示:淘宝竟然拥有百余家女装红人,这些网红各自拥有超过5000万的粉丝。

从这组数据足以看出,网红借助社交平台,快速地引发时尚风潮;借助粉丝经济,从而形成了一种全新的商业模式。

的确,在自媒体时代,通过社交平台,如微博、豆瓣、美拍、快手等走红的人数成百上千。与早期的网红,如芙蓉姐姐、罗玉凤等相比,当下的网红已经由过去的社会现象彻底转变成为一种经济行为,如艾克里里、叫兽易小星等。

这些网红可以说是社交红利的赢得者,究其原因,是因为当网红们聚集海量粉丝后,将个人的粉丝群体快速地变现,从而寻找一个流量变现的最佳途径,来实现商业模式的转型,即网红将粉丝群体的消费力量和自身的优势产品结合到一起。在变现过程中,其步骤有如下几个,见图2-5。

移动互联网的快速发展,无疑加速了社群经济的发展,其效果也非常明显。在这样的趋势下,一些企业,甚至是一些大型企业开始关注粉丝经济带

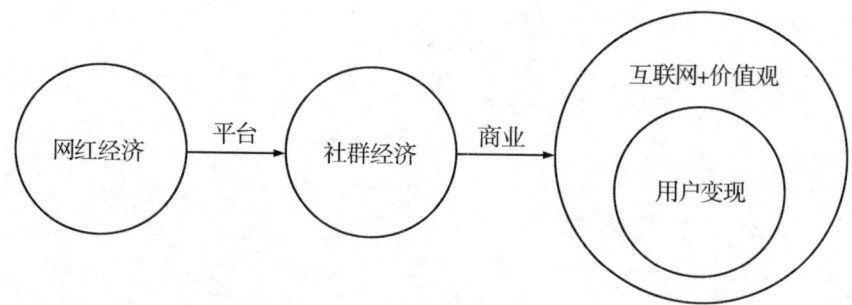

资料来源：王易见. 在社群经济时代，企业如何学习网红经营品牌，2016-04-13.

图 2-5　网红变现的步骤

来的巨大品牌消费力，从而开始创造一种全新的商业模式。

在这次商业模式的创新中，网红经济必须依托于社群经济平台化，这就要求网红必须做好自己的内容营销。为此，一些学者甚至把网红经济看成是"迎来了个人品牌营销的春天"的经济模式。

当然，网红彻底变现，必须要求网红擅长与粉丝互动，特别是网红经济在社群平台转化成社群电商时，用户在哪里，营销就在哪里。这是网红必须遵守的最高原则。

在这个链条上，网红之所以能够实现商业盈利，是因为网红自身的影响力，网红可透过各大平台的粉丝，有目标性地、有针对群体地进行营销。

基于此，透过个人品牌影响力，网红赋予自身标识的产品灵魂，从而激发粉丝的消费需求。早在几年前，小米营销模式的成功，就是一个粉丝经济的成功变现的代表。米粉强大的购买力和口碑营销，就是一个社群营销的标准典范，小米是从社群崛起的品牌，它成功后又开始从品牌到社群的反哺，见图2-6。

不仅如此，互联网家电——SKG也是一个依靠网红营销的案例，借助社群，SKG抓住了社群时代网红与粉丝之间的情感共鸣链接，将品牌产品赋予更多的附加价值。

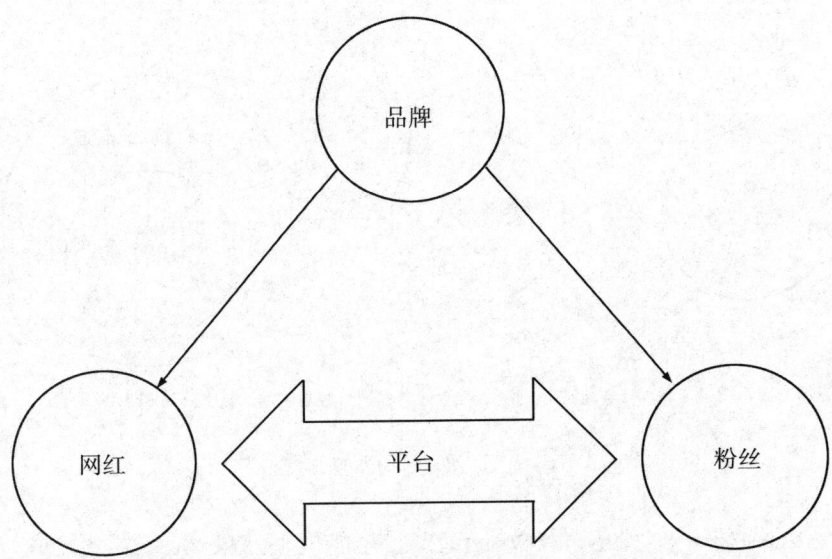

资料来源：王易见. 在社群经济时代，企业如何学习网红经营品牌，2016-04-13.

图 2-6 网红产业链

为此，SKG借助网红经济的粉丝经营能力，不间断地制造自身的"网络红人"，这些网红带给品牌粉丝一些情感、文化、品位等多元化相关的共鸣标签，让品牌逐渐拥有了深远的影响力。

第三章

★ 网红经济，你就是那风口上的猪

2016年春天，网红papi酱打破了沉寂已久的互联网真人秀，并且以一种摧枯拉朽的势头掘金网络，成为名副其实的网红名牌。

papi酱不像芙蓉姐姐，也不像凤姐，更不像天仙妹妹，她以自己独到的脱口秀赢得资本市场的热捧。

当然，papi酱之所以赢得网民的关注，甚至被誉为"2016年第一网红"，是因为papi酱在其制作的视频节目中，选题设计出众，特别是其表现自由率真、非常接地气、亲切感十足，有典型的草根气质，极大地满足了年轻网民的娱乐需求，使年轻人实现了与一个有趣的人"社交"。

papi酱像一根点燃风口的导火索，使得网红概念迅速崛起，各路投资的资金纷至沓来。热情追逐的风投，掀起新一轮的投资热潮。

网红火热的点击率无疑吸引了资本市场对网红、网红经济前所未有的关注。在这样的背景下，一些业内研究者表示，网红及背后的网红经济正在风口之上。

资本正在围猎下一个网红papi酱

2016年3月19日,被誉为"2016年第一网红"的papi酱成功地获得真格基金、罗辑思维、光源资本和星图资本的联合投资共1200万元。

风险投资的介入,让网红经济迅速火爆起来。一个标志性事件是,在papi酱广告拍卖会上,papi酱的广告竟然拍卖出了2200万元的高价。

当网红经济史上的标志性事件发生后,艾企锐CEO张展豪在接受《21世纪经济报道》采访时坦言:"papi酱拿到融资我很高兴,因为大家终于开始关注这个领域了。"

与此同时,广证恒生首席研究官袁季也认为:"网红正在构筑一股重要的经济力量,将人气与资本和产业相结合,促生网红经济。"

当papi酱引发蝴蝶效应后,网红经济开始受到外界的高度关注和重视。研究发现,其实在papi酱之前,各路资本早已开始行动了,有的甚至在2015年就已经在开始布局。

papi酱的资本春天,网红经济正值风口

据《21世纪经济报道》公开的统计资料显示,2015年以来,网络直播平台吸引的融资额已高达50亿元。如百度视频、爱奇艺、腾讯视频、网易、乐视等互联网巨头,都非常看好网络直播对视频产业的革命性影响,这些互联网巨头有的已经或者即将进入直播产业。上述融资数据足以说明,网络直播行业正在成为一个庞大的、商业价值海量的新兴市场。

当papi酱引来各路资金时,网红经济可谓是正值风口。用狄更斯的话讲:"这是最好的时代,也是最坏的时代。"因为对于这一刚新兴的行业来说,是商机无限还是乱象丛生,存在诸多机遇与风险。而各路资金的纷纷涌

入，使得竞争也更加激烈。

大量事实说明，资本大规模介入网红经济，主要是因为网红经济的巨大产业规模。根据易观的研究报告预测，2017年，网红产业规模将达到811亿元，2018年，更是可能会超过1000亿元。

在易观国际的研究报告中提到，中国网红产业规模，具体是指中国网络红人依靠自身影响力和知名度获得的收入总和，变现方式包括但不限于电商、直播、广告、电竞代言及签约、影视演艺、IP品牌化等。详情见图3-1。

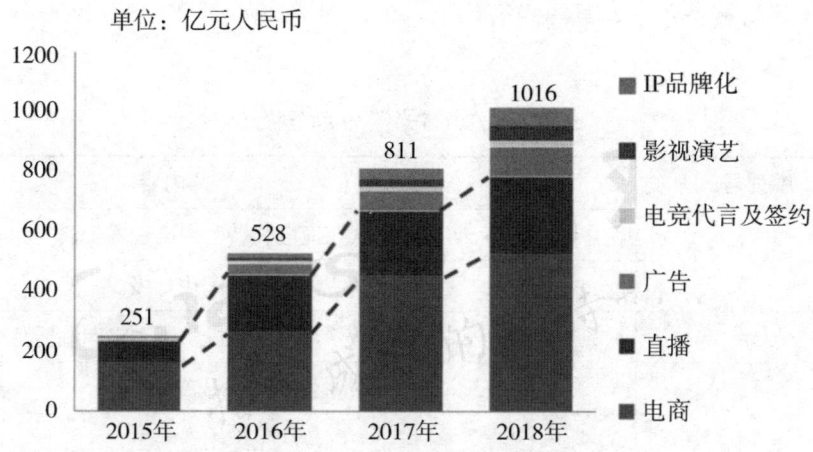

资料来源：易观智库.2016年中国网红产业专题研究报告，2016-09-02.

图 3-1　2016—2018 年中国网红产业规模预测

风险投资为什么热衷于网红经济

读者可能会问，在中国经济崛起，特别是成为世界第二大经济体的时刻，风险投资为什么热衷于网红经济呢？这源于中国目前处于经济新常态阶段。

所谓常态，就是正常状态；新常态，就是经过一段不正常状态后重新恢复正常状态。研究发现，新常态是当下较热的"习式热词"之一。习近平总书记第一次提及"新常态"是在2014年5月考察河南的行程中。当时，他说:"中国发展仍处于重要战略机遇期,我们要增强信心,从当前中国经济发展的阶段性特征出发,适应新常态,保持战略上的平常心态。"

当我们认真梳理之后发现,习近平总书记做出关于中国经济要适应"新常态"这一重要表述之后,立即引发中外各界的高度关注。

在这样的背景下,越来越多的人用这一概念来分析和解释中国经济。"新常态"已成当前最热的经济关键词,仅百度搜索就有256万个相关结果。新一代决策层以"新常态"定义当下的中国经济发展阶段,并通过"新常态"透视中国宏观政策未来的选择,绝非"一时兴起",而是深思熟虑之举。在"新常态"中,其特点有如下六个,见表3-1。

表3-1 "新常态"的六个特点

序列号	特点	内容
（1）	速度	从高速增长转为中高速增长;
（2）	结构	经济结构不断优化升级;
（3）	动力	从要素驱动、投资驱动转向创新驱动;
（4）	经济	中国经济呈现出新常态;
（5）	政治	中国政治呈现出新常态;
（6）	建设	中国社会建设呈现出新常态。

从表3-1可以看出,以前经济的增速恐怕已经回不去了。相关中国经济数据显示,GDP增速从2012年起开始回落,2012年、2013年、2014年上半年增速分别为7.7%、7.7%、7.4%,告别过去30多年平均10%左右的高速增长。

当高速增长的经济模式已经不再时,中国经济结构发生转折性变化。这样的转型期无疑给中国企业带来巨大的战略机遇,同时也带来危机。2012年12月9日,习近平总书记在广州经济工作座谈会上指出,"加快推进经济结构战略性调整是大势所趋,刻不容缓。国际竞争历来就是时间和速度的竞争,谁动作快,谁就能抢占先机,掌控制高点和主动权;谁动作慢,谁就会丢失机会,被别人甩在后边"。

在新常态下,"企业的日子不好过了"。1998年至2008年,全国规模以上工业企业利润总额年均增速高达35.6%,而到2013年,这一增速降至12.2%,2014年1至5月仅为5.8%。新常态下,"传统的手段不好用了"。过去,一旦经济增速慢下来,宏观调控常用两手,一手是宽松货币政策,用以扩大贷款、刺激投资。现在,我国的存量货币规模相当可观,2013年末,广义货币(M2)余额达110.65万亿元,国内生产总值56.88万亿元,M2与GDP之比为1.95,而美国的这个数字是0.65,仅为中国的1/3。M2与GDP的比值越高,说明经济运转的效率越低——投入了大量的货币,产出的GDP却很少。

在这样的背景下,特别在早"三期叠加"时,中国企业经营者要保持平常心。习近平总书记在2013年中央经济工作会议上指出,"我国发展仍处于重要战略机遇期的基本判断没有变,但面对日趋严峻的国际经济形势和国内改革发展稳定的繁重任务,重要战略机遇期的内涵和条件发生很大变化,但发展仍然具备难得的机遇和有利条件"。

在这样的背景下,风险投资青睐网红经济也就在情理之中。一个代表性的事件是,2016年3月,风头正盛的papi酱成功地获得1200万元投资。这将网络直播、网红等相关概念引向风口,亦在资本市场上掀起热潮,引发关注。

据《21世纪经济报道》发布的统计资料显示,2016年3月,易直播、三好网、斗鱼TV等组织分别得到了数千万元的融资。其中斗鱼TV的B轮融资金额竟然达到了1亿美元。

在这场饕餮盛宴中,风险投资早已开始围猎网红和网络直播。2015年3月,宋城演艺以26亿元、溢价68倍的价格收购六间房。众所周知,六间房于2006年上线,主要定位在UGC视频内容平台,其后衍生出以"秀场"模式为主的在线演艺直播模式。

当然,涉足直播行业的宋城演艺并非是唯一一个涉足直播的企业,当其并购六间房后,很多的风险投资都热烈地追逐网络直播平台。如ImbaTV,

其B轮融资就获得了紫金文化基金、创新工场,包括王思聪在内的约1亿元的融资金额。

2015年11月,龙珠直播获得了游久游戏、腾讯等近亿美元的融资,此外,腾讯还投资了斗鱼。2016年3月,斗鱼TV获得腾讯、红杉资本、南山资本等1亿美元融资。

不仅如此,随着腾讯涉足直播行业,一些上市公司也因此倾巢而出。据Wind资讯的数据显示,网红经济概念板块共纳入了19只A股,如南极电商、奥飞娱乐、中南文化、乐视网、暴风集团、游久游戏等。其中,华斯股份拟通过设立有限合伙企业,投资购买北京优舍科技有限公司(优舍科技运营手机应用端软件"微卖"。"微卖"是一个基于全网移动社交媒体的电商平台,2014年8月上线,2015年一季度日均交易额120万元,日均活跃人数25万。)30%的股权。

2016年5月,光线传媒以1.3亿元受让浙江齐聚(呱呱直播)36.38%的股权,本次转让完成后,光线传媒将持有浙江齐聚(呱呱直播)63.21%的股权。根据《北京光线传媒股份有限公司关于继续投资浙江齐聚的公告》显示:"公司与浙江齐聚股东金华傲翔信息技术有限公司(以下简称'金华傲翔')签署《股权转让协议》(以下简称《协议》)以自有资金130965120元受让金华傲翔持有的浙江齐聚36.3792%的股权,本次转让完成后,公司将持有浙江齐聚63.21%的股权,成为其控股股东。"

不可否认的是,各路资本纷纷云集直播行业,其背后的真正原因就是直播行业巨大的商业潜力。

根据艾美咨询报告显示,2015年,中国在线直播平台的数量就接近200个,其中网络直播的市场规模大约为90亿元,网络直播平台的用户数量已达2亿,大型直播平台每日高峰时段同时在线人数接近400万,同时进行直播的房间数量超过3000个。

以上这组数据足以说明,在资本的追逐下,当下的网红经济已经初步形成了上、中、下游紧密联动的专业化生产产业链,其一线的网红更像是一种产品，上游负责生产产品，中游负责推广产品，下游负责销售产品，形成了拥有推广渠道、内容、销售途径等环节的营销闭环。因此，网红经济的火爆，不仅是一次资本意志的火爆，更是因为网红经济时代的到来。不管网红经济如何被热议，在新的风口没有出现之前，资本注定会围猎网红以及网红经济。大量资本涌入网红和直播这一领域，此领域无疑将面临较为惨烈的竞争。

起风的网红行业，资本正在倾巢出动

2016年4月21日下午，对于中国网红来说，极具重要意义。一场papi酱视频广告拍卖会如火如荼地在北京高调地举行，起拍价为21.7万元，不仅如此，还将在线上线下同时进行拍卖。

值得玩味的是，在3天前，papi酱视频曾被广电总局要求下线整改，但这并不影响有上百家企业参与竞标。

经过6分03秒的竞拍，2号企业丽人丽妆竟然出资2200万元的天价，成功拍下papi酱的首条贴片广告。

可以肯定地说，papi酱2200万元的天价贴片广告，已经成为中国网红经济史上一个象征性的事件。

网得住资本，红出了模式

当papi酱2200万元的天价广告被拍卖后，可能有一点会让读者非常疑惑，因为在此前，作为网红的papi酱多次在个人的视频中宣称自己不会接任何广告，更别谈商业广告。

可是当资本进入后，papi酱不接广告的诺言被打破，这意味着papi酱在"走一条更高维度的商业化道路"。

这还得从2016年3月19日谈起，当papi酱正式获得真格基金、罗辑思维、光源资本和星图资本的1200万元的联合投资后，papi酱"一个集美貌与才华于一身的女子"，以短视频的"吐槽"方式，作为2016年最著名的网红再次登上话题头条。

真格基金创始人徐小平接受《新榜》采访时，更是把papi酱的商业价值估算了出来，尽管业界估值是3亿元，但是徐小平坦言："papi酱的估值为1

亿元。"这样的估值也就说明了papi酱潜在的商业价值，吸引资本的进入也就在情理之中。

当以papi酱为代表的网红群体，真金白银地获得千万级融资，成功接入资本市场后，网红群体的兴起成了大趋势，走上了商业化之路。追逐暴利的资金也越来越多地介入网红产业。资本的进入将人气与资本和产业相结合，与网红经济形成良性循环，构筑起一股重要的新经济力量，催生了网红经济并促进了其进一步发展。

为此，诸多资本陆续投资了网红产业。见表3-2。

表3-2 部分投资网红的企业，以及投资额

时间	孵化经纪公司	投资方	投资额	轮次
2015.10.26	如涵电商	君联资本、赛富亚洲	数千万元人民币	B轮
2015.12.11	飞博共创	N/A	N/A	新三板挂牌
2016.4.8	网红来了	谢利明	未披露	天使轮
2016.5.4	缇苏电商	光线传媒	3000万人民币	B轮
2016.6.6	七煌	上海新文化传媒 成都联创博瑞 东方富海	1亿元人民币	B轮
2016.7.13	中樱桃	游久游戏	5000万人民币	A+轮
2016.8.15	美空	万吨资产等	近1亿元人民币	B轮

资料来源：易观智库.2016中国网红产业专题研究报告，2016-09-02.

其实，早在2015年末，在乌镇电商大会上，阿里CEO张勇就首次提出了网红经济的概念。实现从网红至网红经济的跨越，需要具备高质量的社交资产和恰当的商业模式。

资本深度激活了网红经济的产业链效率

当网红火爆后，一些学者直言，与其羡慕年入千万元的大网红，不如参与网红产业链的打造，先成为一个胜过白领的小网红。

这样的观点有其自身的合理性。数据显示，目前有年销售额超过亿元的网红电商，也有获得上千万元投资的网红。

当资本介入网红产业链后，网红经济商业模式就开始变革开来。当诸多网红，及其孵化机构获得风险投资后，其商业模式就真正地走向商业化，其第一步就是开始拍卖广告。

随着大大小小的网红们实施七十二般变化地"吸睛"，在积累海量人气后，有的也开始变现，真正地实现了"吸金"。从这个角度可以看出，从网红到网红经济的纵深发展，其背后既体现了网红们强大的变现能力，同时也展示出网红经济商业模式的变革之路。

为了揭开"网红生意经"，《每日经济新闻》就曾策划过相关专题报道，揭秘网红经济的商业价值，以及网红背后变现的手段。

与几年前的网红相比，当今的网红更懂得利用资本的力量，不但做到了"吸睛"，而且做到了"吸金"。随着资本的进入，网红经济的商业价值也被资本投资人更为充分地发掘了出来。例如，"网红+电商+广告"的商业模式，已经成为中国成百上千网红们的变现标杆。

在这场网红经济商业模式的创新中，"网红+电商"的商业模式被传统企业整合之后，原来的电商营销模式也随之被改变。自媒体专栏作家向坤在接受《每日经济新闻》记者采访时说道："在技术、质量短期无法根本性提升的情况下，网红实际上为产品赋予了更多的软价值。"

在向坤看来，网红营销模式的推广赋予商品更多的内涵。根据CBNData发布的《2016年中国电商红人大数据报告》显示，电商红人女装店铺的粉丝日趋年轻化。18～35岁的年轻粉丝占比增加不少，特别是22～28岁的消费者是这些电商红人主要的消费群体，见图3-2。

究其原因，是因为在泛95后群体中，他们追求年轻、时尚，个人品位没有完全成型，更易受到红人的影响。不仅如此，泛95后由于受到红人的影响，更愿意为红人店铺的溢价销售买单。

根据CBNData发布的《2016年中国电商红人大数据报告》显示，不仅泛

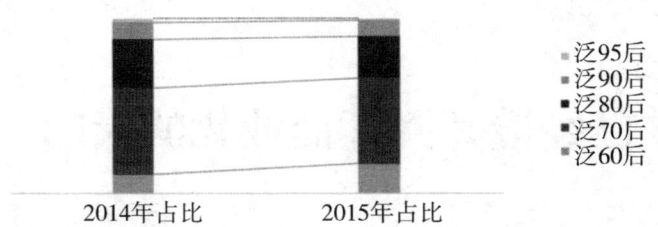

泛95后：19~22；泛90后：23~28；泛80后：29~35；泛70后：36~50；泛60后：51~70

资料来源：CBNData.《2016年中国电商红人大数据报告》，2016-05-24.

图 3-2　淘宝红人女装店铺粉丝年龄占比

95后，泛70后也是如此。2015年淘宝红人女装在各年龄段的单品价格都高于2014年，尤其是泛95后和泛70后，其粉丝单品价格增长较为明显，见图3-3。

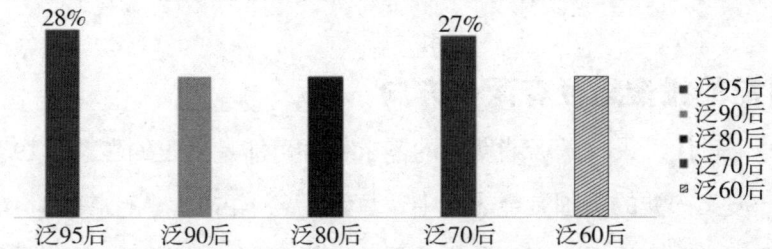

泛95后：19~22；泛90后：23~28；泛80后：29~35；泛70后：36~50；泛60后：51~70

资料来源：CBNData.《2016年中国电商红人大数据报告》，2016-05-24.

图 3-3　淘宝红人女装单品价格增幅

基于此，资本才频繁投资网红产业。作为集投资人、网红于一身的罗振宇，在投资网红papi酱后，第一件事就是拍卖papi酱这个作为中国新媒体界的第一次广告。与此同时，罗振宇还走上了一条更高维度的商业化道路。

在罗振宇看来，只有借着如此疯狂的热度，网红经济才能迅速成为资本聚集的下一轮风口。当资本大量进入时，这就为网红盈利能力与商业价值的逐步显现打下坚实的基础。究其原因，一些资本深度介入网红经济后，正在打造网红个体或者网红经济平台，这彻底地激活了网红经济的产业链效率。

资本已经撬开网红商业化的大门

面对海量资本的袭来，业内人士理性地称，由于一部分资本经历"资本寒冬"的萧条后急于找到另外一个风口，而目前网红们潜在的高回报正符合资本的嗜血性，这就是资本为什么把网红作为新的入口的根本所在。

尽管资本有其自身的逐利性，但是锐马传播总经理、知名自媒体人张俊良却欢迎资本的介入。张俊良说道："网红的商业化其实是水到渠成的事情。资本的介入是要把网红产业做大做强，资本投资内容原创者是为了免除这批人在资金方面的顾虑，让他们专心生产更精良的内容。"

资本目前的投资途径有两个方向

在任何一个时代，只有激活消费者的需求，才可能是真正的赢家。19世纪中期，在一波又一波的美国淘金热潮中，真正扬名千古的、赚到钱的不全都是那些淘金客。而留给后人深刻印象的是，发现淘金者对耐磨裤子的需求后，将帐篷拆下做成牛仔裤的利维·斯特劳斯。利维·斯特劳斯比绝大多数淘金者赚得都更盆满钵满，其做法不仅大胆，还十分创新。

这样的思维意识同样适用于今天的网红经济，在资本"磨刀霍霍"下，资本入局网红经济产业链就是一个典型的例子。在资本投资人看来，自己不一定要成为网红，只要把网红产业链激活，就有可能成为利维·斯特劳斯。

在资本"大兵压境"之下，自媒体人方雨非常看好网红经济背后的投资机会。在方雨看来，面对网红经济的热潮，谁能够像利维·斯特劳斯一样，另辟蹊径，满足网红产业链当中的某个环节，谁赚到的钱就可能比自己做网红赚得更多。

网红经济产业链条主要分为三个部分：上游、中游、下游。详见

图3-4。

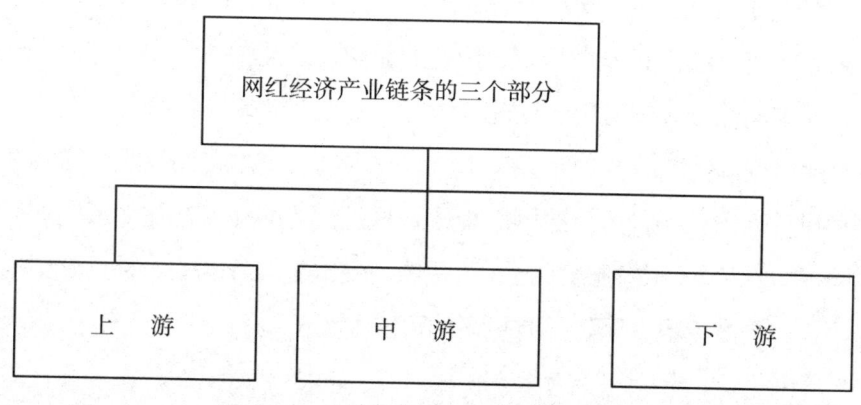

图 3-4　网红经济产业链条的三个部分

位居上游的经纪公司、孵化机构，主要负责包装和打造网红。此环节包括：美容化妆、摄影、文案编辑等多个环节；位居中游的社交平台，如微博、微信等社交平台，以及斗鱼、虎牙、56等各种视频直播平台，此环节为网红的文字、图片、视频、直播内容传播起到助推的作用；位居下游的电商、广告等机构，则成为网红最为直接的变现渠道，见图3-5。

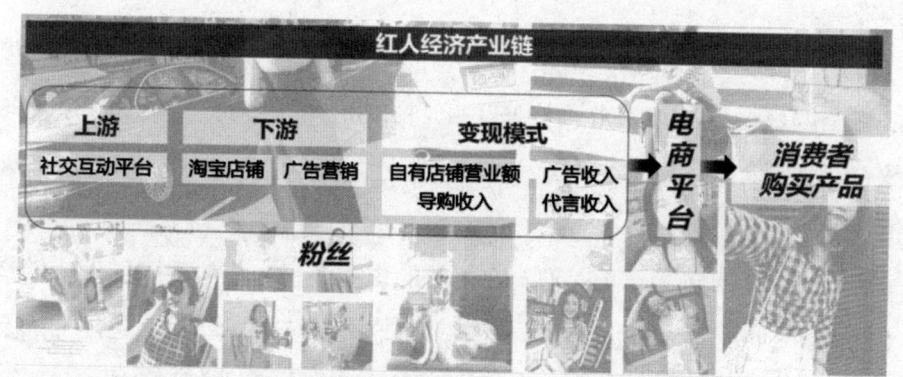

资料来源：CBNData.《2016年中国电商红人大数据报告》，2016-05-24.

图 3-5　红人经济产业链

随着网红产业链的不断延伸，其自然而然地吸引着海量资本的介入。例如，如涵电商、罗辑思维在2015年就获得了B轮融资，其中罗辑思维的市场估值已达13.2亿元。

资本的进入，激活了网红经济的活力，且效果非常明显。有专业人士分析认为，随着网红盈利能力与商业价值的显现，以及微博、淘宝等大平台的支持，目前网红行业正值行业加速扩张期，或有大批参与者涌入。

对此，锐马传播总经理张俊良坦言，"目前，资本在网红经济方面主要有两种投资方向：一种是投给网红个体，这是因为网红人格化发展迅速，但是风险很大；另一种是投给平台，这是传统资本更加青睐的一种投资渠道，因为平台容易产生很多网红，有更多的可能性。"

逐利资本会想尽一切办法撬开网红经济的大门

当同道大叔、二更食堂等自媒体平台先后赢得资本的支持后，它们由此按下了网红与资本联姻的快进键。

在当下的"互联网+"时代，曾经不被重视的网红市场迎来了春天，正在成为一个名副其实的新风口，这不仅赢得海量资本的竞相入局，同时还把网红经济推向一个新的高度，很多商家甚至把网红引入到自家产品的营销推广模式中。

因此，一些研究者非常担忧，不知当前迅速膨胀的网红经济，在泥沙俱下的资金的裹挟下，其未来趋势是跟3D打印机一样成为一场泡沫狂欢？还是像"互联网+"经济一样坚挺？抑或有哪些响当当的网红们能够摆脱"火一把就死"的宿命？

当然，这样的质疑不无道理。在强势的资本面前，弱势的网红们犹如案板上任人宰割的鱼肉。但是，当网红成为互联网经济的风口时，这样的忧虑似乎就不复存在。因为逐利资本会想尽一切办法撬开网红经济的大门。

的确，当网红成为风口，网红经济再度起风时，不管网红愿不愿意，逐利的资本都会闻风而动，不断地涌入网红产业中，这必然会搅动一池春水。这样的市场趋势不是哪个网红个体就可以顶得住的。

这样的案例举不胜举。曾经自诩"人不穷怎么当网红"的papi酱，在自

第三章 网红经济，你就是那风口上的猪

己的直播内容中，多次说不融资，结果也很快就被风投拿下了。

2016年3月19日，papi酱这个"集美貌与才华于一身的女子"，高调地获得真格基金、罗辑思维、光源资本和星图资本联合投资额为1200万元的融资资金。为此，一些投资机构一度把papi酱的评估价值定位在高达1亿元的位置上。而该事件也顺理成章地成为网红经济领域的标杆性事件。

其实，资本热衷投资网红，并非一时兴起，而是基于追逐红利基础之上的。网红罗振宇的案例就具有代表性。当罗辑思维成为拥有500多万用户的互联网知识社群后，资本也高调介入。仅仅在2015年10月，罗辑思维就完成B轮融资，估值达13.2亿元，罗振宇也因此被誉为自媒体首富。

与罗振宇有相同路径的同道大叔，拥有400多万微信粉丝，780万微博粉丝。当同道大叔拥有如此海量的粉丝后，逐利的资本自然也尾随而至。2015年，同道大叔完成了一个段子手的华丽逆袭。创始人蔡跃栋在接受媒体采访时透露，同道大叔A轮数百万美元融资即将完成，估值已经超过了2亿元。

作为新媒体视频平台的二更食堂，2016年3月，正式对外宣布已完成A轮融资，融资金额超过5000万元。

……

诸多的网红段子手似乎在一夜之间都成为资本追逐的对象，同时他们也成为在网红经济风口下，一个又一个的互联网造富新途径。

站在网红经济的风口上，如何飞得更高

毋庸置疑，网红经济是粉丝经济的又一次进化，是粉丝经济发展的又一个新阶段。作为粉丝经济的重要表现形式之一的网红经济，依然是互联网营销的聚合下的思维变革。大量资本的介入，继而把网红经济推上了前所未有的风口浪尖。

在这样的背景下，探究粉丝经济的运营，对已经成为网红，或者想成为网红的人们可提供积极的借鉴作用。

在网红领域，无论是内容型网红、电商型网红，还是偶像型网红，都以微博、微信为主要的宣传战场。不仅如此，一些网红还精准地杀入直播平台，其经过"野蛮生长"后，成为许许多多的粉丝部落热切关注的网红。

锥子脸就能获得风投，本身的逻辑就有问题

在"互联网+"时代，随着移动互联网的普及，移动互联网世界里如同"小王子"生存的星球世界。散落在各个星球上的部落居民生活形态各异。星球之间有隐形的围墙和桥梁，当你的"登入口令"跟她不在一个层级，你就到达不了，或许你并不想进入。不过，对于成千上万的网红们来说，在互联网世界，"我只要粉我的人就够了"。

的确，在网红经济时代，没有海量的粉丝，这样的网红是没有多大变现能力的，其商业价值就非常低。不过，当网红拥有海量粉丝后，其商业价值的变现能力就非常强了。为此，很多女性网民都梦寐以求地想成为网红，在她们看来，只要拥有一张锥子脸，就能获得海量的风投。其实，这本身的逻辑就有问题。

究其原因，是因为不是拥有锥子脸就能赢得风投的认可，内容、天赋、

智商、运气和学习，还有对网红经济深入的剖析……达到这些条件才能赢得风投的青睐。在网红经济中，内容型网红更容易获得风投的认可。

一些资深人士同样认可内容型网红，如鼓山文化CEO冯子末，他被认为是中国最早的网红经纪，不仅如此，他在内容型网红细分领域做到行业第一。面对当下的网红经济热度，冯子末毫不讳言地说："网红被市场炒得太热，其实它是一个很常态的词，所有人都可以在这个词里获得他的需求。"

在冯子末看来，只有满足网民的需求点，才有可能成为网红。早在2010年，"凡客体"以新颖的推广方式，瞬间引爆互联网，甚至还被誉为社会化营销模式的经典商业案例。

在当下的"互联网+"时代，传统营销已日渐式微，不管是营销模式，还是广告创意，都以花小钱办大事为宗旨，这样的利益驱动自然吸引很多传统企业进入，其后尾随着举不胜举的风险投资。

当资本介入后，很多网红不再为生活所累，而是全身心投入，把内容做得越来越好。当初的段子手们也开始衍生出自己擅长的技能，就这样，大V的节点开始凸显出来。

据冯子末介绍，2013年，鼓山文化就开始抓一些节点，且取得不错的业绩。目前鼓山文化就与各平台200位以上的内容型网红签约，其粉丝累加超过3亿，于细分行业做到第一。目前，冯子末还在发掘、孵化新的网红资源，寻找有潜力成为网红的人。

在冯子末看来，通过内容沉淀实现作品化、版权化，在图书、影视等领域，深度开发网红的商业价值，从而把网红的价值尽可能放大。

"只争朝夕"资本是对网红经济的考验

在《互联网周刊》主编姜奇平看来，一旦资本只把"宝"压在一个网红或者是一种网红模式上，那么这样的逐利思维其实是对网红经济的极度考验，对资本本身的用处也不大。资本应该持续不断地投入到体验经济中，多从用户的角度出发。这样的资本投入，才能与网红行业形成良性互动与循环,才是一件多赢的事情。

当一拨又一拨的资本投资网红后,靠互联网浪潮哺育的网红经济,尽管改变了传统企业的既有营销模式,还是不能抵御资本的强势介入,加上自身的喧嚣与浮躁,甚至可能会危及网红经济自身的发展。

反观网红发展历史,从痞子蔡、芙蓉姐姐、凤姐,到如今的网络主播,这样的喧嚣与浮躁始终存在。从淘宝店主到微博段子手,很多网红的生命周期非常短暂,其变现能力差,盈利能力弱,网红较为明显的短板成为其行业发展仍然过不去的门槛。

这就是很多学者不看好网红经济的原因。有学者甚至断言:"目前还难谈盈利的网红行业,这注定是一场虚假繁荣的游戏。"

当资本强势介入网红后,这样的质疑更为突出。网红打造机构广州喵娱文化传播有限公司的创始人刘磊对新华网记者徐曼曼、陈凯茵说道:"网红经济像每一个新兴行业一样,总会面临两种声音:看好和唱衰。"

当诸多网红和网红孵化机构获得投资后,引爆网红经济的导火索席卷了互联网。随之而来的质疑声此起彼伏。在一些业内人士看来,平民狂欢打造的网络红人如同"喧嚣的巨大泡沫",绝大部分网红都将会在"优胜劣汰"中死去,不得不直面网红自身速生速死的宿命。

业内人士认为,网红自身变现的渠道过于单一——广告、电商,以及一些内容原创者获得的粉丝打赏。锐马传播总经理、知名自媒体人张俊良研究指出,上述几种变现方式的前景仍然存在诸多的不确定性。张俊良说道:"粉丝打赏的比例比较低,而广告和软文容易伤害粉丝,平衡很难把握,也不易持久。"

面对网红经济的诸多负面看法,姜奇平却有自己的见解。在姜奇平看来,网红经济其实是体验式经济,必须高度依赖用户的满意程度。与以往经济模式最大的不同之处在于,网红经济在注意力获得变现之后还需持续关注用户的满意程度。

一般地,在网红经济模式背景下的网红,其生命周期通常最多只有两年。在如此严酷的网红市场，风云变幻的市场风向标迫使资本不得不"只争朝夕"。在这样的背景下，资本能"跑步入场"，必然也会"跑步出场"，这就是一些学者所称的要迫不及待地收割网红红利的原因。

作为网红的罗振宇，也不确定网红的未来。在接受媒体采访时他直言不讳地说道："papi酱能再火一年吗？谁都不知道。这个市场，每一个创业者都必须和不确定性共舞。既然如此，那她为什么不先把未来给收割了呢？"

资本的逐利本无可厚非，但是这种杀鸡取卵的方式，是不值得提倡的。新榜资讯副总监孙鹏说道："千万不要想去投资下一个papi酱。"在他看来，在变化的市场中，唯一可以确定的是：下一个爆款，一定不是我们猜想到的任何样子。

当然，资本介入网红经济，是否如与其他新业态一样，从繁极一时到如烟花散开般落寞？面对这样的问题，多位专家认为，要想让网红经济持续下去，必须防止粉丝注意力发生改变或者疲倦。这就需要持久地为粉丝提供有价值和优质的内容，培育一个高价值的IP。

姜奇平坦言："网红经济是可持续的、也将成为常态化，但单个网红的持续走红是不可能的。"

刘磊对网红经济的未来非常看好。在刘磊看来，尽管当下变现的模式相对单一，盈利模式也在摸索过程中，但是网红市场的需求十分旺盛，且一直存在，网红行业不会死掉。

当然，当前的网红市场也会随着时间的推移慢慢地沉淀，淘汰其负面的网红，经过优胜劣汰后，那些正能量的网红最终会留下。

第四章

网红经济的商业模式

可能你会非常关心，网红实现自己商业变现的可能性，到底有多大？

面对这个问题，一份名为"2017年中国网红排行榜全网综合榜单"的出炉，已经回答了上述这个你关心的问题。其榜单如下：TOP1是龙友林（jaysonlong），TOP2是Tfboys，TOP3是奶茶妹妹（章泽天），TOP4是鹿晗，TOP5是吴亦凡，TOP6是papi酱，TOP7是薛之谦，TOP8是傅园慧，TOP9是MC天佑，TOP10是张大奕。

的确，一个人从普通的网民到人尽皆知的知名网红，通过自身在互联网的传播力和影响力，来获取广告收入，这样的商业变现模式是许多网红非常期望的，但是这并不是唯一的一条途径。

众所周知，网红还可以通过创建淘宝店铺来实现自己的变现。在"网红+电商"的商业模式下，网红必须拥有大量粉丝，其后通过经营自己的淘宝店来获利。

在微博上拥有500万粉丝的网红店主张大奕，作为网红的她，不仅在微博上发布自己的服装搭配，同时也展现自己的潮人生活方式。2014年5月，张大奕开设的自己的淘宝店"吾欢喜的衣橱"，目前已经是金冠卖家，淘宝粉丝量超过261万。因此，对于任何一个网红经济来说，其商业模式的核心都在于价值创造。

每个网红,都有自己的变现模式

众所周知,作为粉丝经济的网红经济,其优势主要在于粉丝的变现转化率,顶尖网红的粉丝转化率通常会保持在20%左右,这就意味着每100万粉丝就有20万粉丝进入网红的店铺购物。据一位资深网红介绍,一旦超过5%的转化率,该网红就已经可以达到非常赚钱的地步了。

当然,要想保持高转化率,却实属不易。据如涵网红负责人介绍,达人一般负责拍照,与粉丝互动,参与粉丝款式设计,以及最终的款式确认,不过所有的库存由运营团队自己负责。

网红淘宝店的转化率很高,是因为粉丝的黏性很强。基于此,高转化率为网红店铺节省了大量用于淘宝广告的流量费。主要是因为网红自身就是流量,其缩短了一家店铺的成型期。

以前创建一家网店,需要经历一个漫长的培育期,前期不仅需要投入巨额宣传推广费用,同时还需要推广和流量。当网红介入淘宝店后,可以把这段时间大大缩短,使其迅速成型,立刻就有销量产生。

如今的很多淘宝店的网红,由于大多数都是漂亮女孩,其效果相对明显。当然,也有一些网红,通过仿制国外知名品牌服装,在制作和设计时,稍作修改后随即生产销售。

尽管销售的是高仿产品,但其销量和利润,都是非常可观的。在这些网红看来,高仿大牌,不能一模一样地仿制。那是侵权的,这是底线,她们不敢越线。通常就是修改一点,但不会修改太多,修改太多,粉丝就可能不乐意购买了。

有机构将网红女装的利润定义为45%。以如涵电商为例,全年的不良库存率为2%~3%,大大地低于传统服装品牌15%~18%的水平。

作为电商平台的淘宝，对网红经济持乐观态度。淘宝服饰行业的市场总监靳科坦言："微博目前依然是网红们选择跟粉丝互动的第一平台，也是淘宝生态开放策略下的最典型代表。我们非常关注卖家的发展所需，包括红人卖家，愿意提供一切帮助来推动这个生态更完美。"

的确，在其后，淘宝大力地推进网红经济。据一位网红店主撰文称，阿里巴巴已经把网红达人这个版块抬到非常重要的位置了，以前这个板块在首页的较底部，现在甚至被抬到广告栏的下面，最好的位置。

网红经济商业模式的挖掘

随着社会生产力和消费者收入的变化，其商业模式的创新就成为一个必然的趋势。所谓商业模式创新，是为指企业价值创造提供基本逻辑的变化，即把新的商业模式引入社会的生产体系，并为客户和自身创造价值，通俗地说，商业模式创新就是指企业以新的有效方式赚钱。

不可否认的是，任何一个网红经济的参与者，之所以能够取得成功，毫无疑问是因为都有自己的商业模式。然而，当研究者将这些商业模式并排列举出来时，很容易发现这些成功者初创企业的商业模式各不相同，但是却有一个共同的特征，即任何一个企业的商业模式都是一个由客户价值、企业资源和能力、盈利方式构成的三维立体模式，见图4-1。

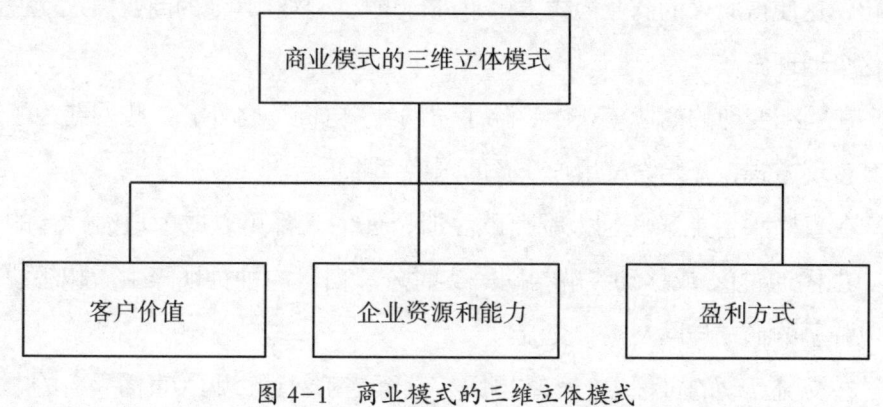

图4-1　商业模式的三维立体模式

在《商业模式创新白皮书》一书中,哈佛大学教授马克·约翰逊(Mark Johnson)、克莱顿·克里斯坦森(Clayton Christensen)和SAP公司的CEO孔翰宁·卡格曼(Henning Kagermann)共同把这三个要素概括为:"客户价值主张""资源和生产过程""盈利公式",见图4-2。

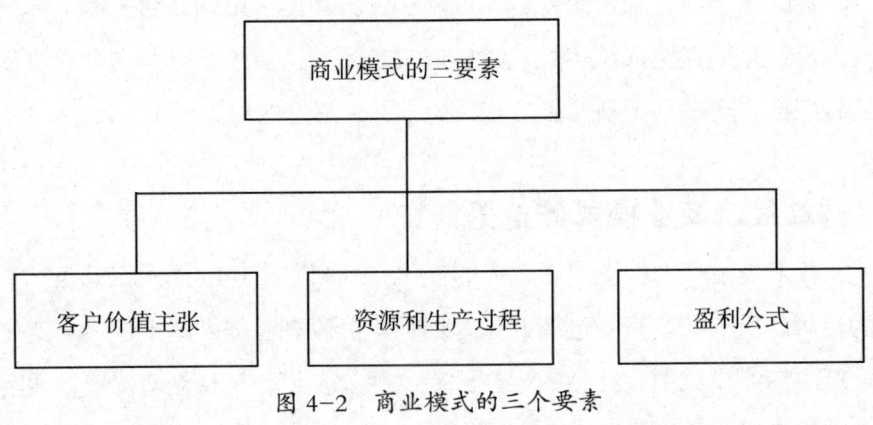

图 4-2 商业模式的三个要素

所谓"客户价值主张",指在一个既定价格上,企业向其客户或消费者提供服务或产品时所需要完成的任务;所谓"资源和生产过程",即支持客户价值主张和盈利模式的具体经营模式;所谓"盈利公式",即企业用以为股东实现经济价值的过程。

在这三个要素中,当消费者的需求变化时,客户价值主张也将因此发生变化,这使得原来的商业模式不得不进行重构。网红其他的商业模式就说明了这个道理。

在网红变现的商业模式中,除了"网红+电商"之外,一些网红为了适应其变现方式,开始尝试用户众多的网络直播平台。

在直播平台上,任何人都可以注册,任何人都可以成为直播平台的主播。主播通过PC或移动终端与网民实时分享自己的种种琐碎生活和想法,并以弹幕的形式与网友实时交流。

在交流互动的过程中,一些网民,甚至是粉丝通过购买直播平台的虚拟货币直接打赏自己喜爱的主播。当然,粉丝购买的虚拟货币金额多寡与主播有关，网红们还与平台协商分成。

这样的模式对于颇受网民欢迎的主播而言，其每天就能收获数目不小的打赏收入，特别是一些粉丝量巨大的网红，自然而然地就成为网络直播平台争先签约的对象。

在更大规模的网站经营者看来，用户量和优质主播关乎直播平台的命运，更是吸引投资机构和并购方的稀缺资源。如斗鱼、花椒、映客等直播平台，就获得资本的青睐，这些平台也因此成为资本化的典型案例。

随着网红的影响力越来越大，影视行业也开始把网红作为自己的关注对象。可以肯定地说，在不远的将来，网红涉足影视业的可能性会越来越大。

一位投资行业人士毫不隐讳地说道："资本关注网红是因为网红深受年轻人喜欢。但是投资网红是要担很大风险的。因为网红的走红依赖于特定的粉丝群体，粉丝的黏性、忠诚度、转化度都因人而异。对于任何一个内容网红来说，获取海量粉丝的基础都是稳定的、优质的内容生产。如果网红的创作能力下降了，那么对于投资人来说，风险也就出现了。"

鼓山文化首席执行官冯子末也认为："网红个人以怎样的形态参与到变现过程中也非常重要，因为围绕网红展开的产业链条还在不停延伸，其中包括泛网红内容创业、经济服务链条、衍生全链条、平台服务链条、资本整合链条等。"

在鼓山文化首席执行官冯子末看来，网红经济潜在的高回报，无疑成为资本关注的新入口。网红经济商业价值的挖掘，自然成为新经济形态的一种趋势。尽管如此，网红热给社会发展带来的另一种影响更应当引发人们去思考。那就是目前存在的网红孵化公司、网红培训中心，其核心业务就是迎合部分年轻人想要成为网红的心理，对其在化妆、形体、言语、肢体动作、自我营销等方面进行培训和包装。

网红商业模式的关键就是提供客户价值

不可否认的是，任何一个成功的商业模式，前提必须是提供客户价值。

现代管理学之父彼得·德鲁克曾评论说道："企业的目的不在自身，必须存在于企业本身之外，必须存在于社会之中，这就是造就顾客。顾客决定了企业是什么，决定了企业生产什么，决定了企业是否能够取得好的业绩。由于顾客的需求总是潜在的，企业的功能就是通过产品和服务的提供激发顾客的需求。"

在彼得·德鲁克看来，任何一个企业拓展一个新的蓝海市场，都绝对不是教科书上所讲的是通过市场调查得出来的结论。例如对于苹果公司来说，当明确客户价值主张之后，首先就必须要解决这个问题。对于苹果iPhone手机，其核心功能不仅局限于一个通信工具，必须拥有通讯和数码终端的功能，即融合手机、相机、音乐播放器和掌上电脑等功能于一体。

不仅如此，苹果APP Store还为用户提供数十万个的应用程序。除此之外，苹果还注重用户体验。在《蓝海战略》一书中，作者W.钱·金（W. Chan Kim）和勒妮·莫博涅（Renée Mauborgne）用价值创新的理论阐释了客户价值主张。作者在该书中写道："只要利用价值创新曲线，重新审视对消费者真正有诱惑力的价值主张，并用自己的资源和流程来去满足他，就完全有可能创造出一个新的市场来。"

研究发现，在创新商业模式的企业往往不会选择一个现有的市场和竞争对手火拼，而是重新审视消费者的价值主张，选择提供一个和现有产品不同价值主张的产品，从而创造一个新的市场。

反观网红经济，它之所以能够创造成长奇迹，是因为网红创造了与众不同的市场。而创造与众不同市场背后的关键却是明确客户的价值主张，即客户到底需要什么，有什么需求。

根据CBNData发布的《2016中国电商红人大数据报告》显示，2016年红人产业（包括红人相关的商品销售额，营销收入，生态以及其他环节收入）预估接近580亿元。

读者可能对此数字较为陌生，那么我们以《2016年中国电商红人大数据报告》数据来展示，自然就更加形象了。见图4-3。

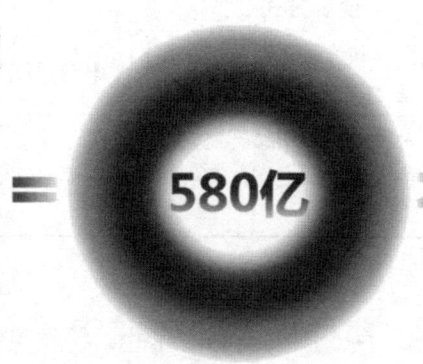

资料来源：CBNData.《2016年中国电商红人大数据报告》，2016-05-24.

图4-3　2016年红人产业规模与其他产业对比

如此海量的市场份额，足以说明网红经济不仅拥有极具商业价值的市场"钱"景，同时还是一个吸引资本及相关企业加入来试图分一杯羹的风口产业。

经过梳理的网红经济的商业模式，大概有如下几类，见表4-1：

表4-1　网红经济的商业模式分类

商业模式	变现方式	网红类型
电商	将粉丝流量导到电商平台，通过销售变现	电商网红、部分内容网红（如母婴、美食、旅游等垂直领域）
广告	内容网红通过贴片广告、品牌植入及软文等方式变现	内容网红、名人网红
打赏/虚拟礼物	粉丝直接为内容打赏付费，或者通过直播平台给网红赠送虚拟礼物	内容网红（秀场、游戏主播等）、名人网红
平台签约	游戏主播与直播平台签约，获得签约费	游戏主播

续上表

商业模式	变现方式	网红类型
艺人发展	条件优秀的网红进军娱乐圈，接拍影视作品，向艺人发展	电商网红、内容网红
IP品牌化	网红个人以及内容IP品牌化，并在泛娱乐多领域延展运作，实现更大商业价值	电商网红、内容网红

资料来源：易观智库.2016中国网红产业专题研究报告,2016-09-02.

从网红分类可以看出，由于网红自身的属性，粉丝可能对网红产生审美疲劳，一些模式较为单纯的网红，其生命周期可能不会太长。这就需要网红不断地学习，同时不断地为粉丝提供新鲜的内容，并采用多元化的变现方式，才能延长生命周期。

当然，网红也可以通过独立创业、品牌化发展，提升团队专业性，来维持内容产量和质量，探索更多变现方式，这也是目前部分网红向更高阶段晋级的主要方式。以下为部分网红进行公司化、品牌化发展的情况，见表4-2。

表4-2 部分网红进行公司化、品牌化发展概况

网红名称	内容类型	公司/品牌	成立时间	融资情况
papi酱	搞笑短视频	Papitube视频内容平台	2016	2016年3月，获得真格基金、罗辑思维、光源资本和星图资本的联合投资1200万元
二更	原创视频	二更网络科技有限公司	2015	2016年3月，获得基石资本和真格基金的5000万元的A轮融资
同道大叔	吐槽星座漫画	同道大叔文化传播有限公司	2014	2016年2月，旗下子公司获得3000万元A轮融资
日食记	美食短视频	上海罐头场文化传播有限公司	2014	2015年12月，完成千万级A轮融资

续上表

网红名称	内容类型	公司/品牌	成立时间	融资情况
罗辑思维	知识型音视频	北京思维造物信息科技有限公司	2014	2015年10月,完成B轮融资,估值13.2亿元
王尼玛	暴走漫画	暴走漫画	2012	2013年1月,获得创新工场数千万元B轮融资,2014年9月获得上海永宣联创、创新工场数千万元的C轮融资
艾克里里	自黑短视频	上海借智文化创意有限公司(与飞博共创合资成立,网红艾克里里持股70%)	2016	/

资料来源:易观智库.2016中国网红产业专题研究报告,2016-09-02.

网红经济催生新的商业模式

研究发现，当下的网红，区别于以往的互联网明星，因为现今网红是一个地地道道的"互联网+"时代的专属名词。

新榜资讯副总监孙鹏在接受媒体采访时认为，"网络红人的本质，就是以人格化网生内容塑造，具有较强传播力与影响力的调性网络形象。"

在孙鹏看来，网红背后的深层逻辑，是基于互联网平台的内容生产、传播与消费的全新运转模式。

随着互联网技术的发展，以及其商业模式的创新，它们演进的过程催生新的商业模式，在这样的趋势下，网红自然就不断地变换着对自身特性的定位。

网红的火爆源于自媒体的垂直化、细分化

与互联网1.0、2.0、3.0时代的"痞子蔡""芙蓉姐姐""水仙妹妹""凤姐""犀利哥""奶茶妹妹"等时代网红不同的是，"互联网+"时代的网红更多的是由时尚达人、段子手、主播等构成，其商业价值已经不再仅仅是满足一时的"眼球经济"，而是成为一种能够被无限拓展的商业平台，更具有从ID变成IP的可能性。

针对此，中国社会科学院信息化研究中心秘书长姜奇平在接受新华网记者采访时坦言，"每隔一段时间，一些边缘化的内容会在某个特定的时间和平台一炮而红，然后又迅速消失。网红只是在一定的语境下触动了关注点，引起了共鸣。"

在姜奇平看来，当下的网红大多数是一种突发的互联网现象。一般地，这类人群虽然不处在互联网世界的中心地带，但是他们能够快速地聚集人

气，仅仅凭借口碑传播在很短时间就走红了，从"小世界网络"扩散到整个互联网。这类人群有共同的特点：既不是名人，又往往不是商界大咖，他们仅仅是普通人，甚至是有些边缘化的人群。

这样的特点无疑吸引了大量的资本进入，这些从互联网深处"孵化"出来的网红，其强大的"吸粉"能力不可小觑。对此，高樟资本创始人、CEO范卫锋认为，以重庆妖娆拉面小哥田波为代表的网红，其火爆绝对不是一时的现象，之所以能够如此火爆，是因为新媒体近几年的垂直化、细分化。

范卫锋举例说，"重庆妖娆拉面小哥田波现象是新媒体近几年的垂直化、细分化大浪潮中的一朵子浪花，也是大趋势中的子趋势，它目前的特点是：人格化、小团队、短视频、大流量"。

当然，网红在"互联网+"时代，将成为一门怎样的生意，关键的问题就是如何将流量变现。一般地，其变现的方法就是将粉丝的热情转变为购买力。

新榜资讯副总监孙鹏在接受媒体采访时坦言："网红的火热只是开始，主宰当下一切的，说到底是网络生存环境下内容重新获取流量分配主导权的新生态。"

在孙鹏看来，再沸沸扬扬的网红，也仅仅是"互联网+"内容新生态的饕餮盛宴中的一道开胃菜。在新兴产业的快速崛起中，网红只是互联网新经济业态多元化的一个缩影而已。

挖掘网红经济的商业价值

2016年1月9日下午两点，厦门女孩吴琼和往常一样，去快餐店点了一份汉堡套餐，并打包。在快餐店的前台，悬挂着几款新出的毛绒玩具。面对可爱的玩具，吴琼也不例外地要了一个，她说："我要一个最美的。"

据吴琼介绍，一般自己的生活规律与朝九晚五不同，通常会睡到中午十一二点才起床，之后收拾一下才去公司，一直工作到晚上十点左右才回家，一旦公司有任务，甚至会把电脑带回家，继续画，经常画到深夜，根本就没有时间做饭，几乎每天都一样，忙得不亦乐乎。

30分钟后，吴琼带上刚才没吃完的薯条上班了。在公司，吴琼和其他员工一起反复编辑一段准备上传到微博的视频。在微博上，吴琼的原创视频或者漫画每周都会更新一次，内容都是自己精心设计的。

吴琼坦言，之前是自己一个人做，现在放弃了单打独斗的模式，凭借团队在经营。因此，每制作一个视频之前，都会经过团队的讨论，在商讨每一个细节之后才开始拍摄。后期的工作都是其他人来负责，吴琼只是把控视频的内容。

据公开资料介绍，吴琼，在微博上拥有超过228万粉丝，被定义为原创美女漫画家、美妆博主。在成为网红的过程中，开始，吴琼只是在微博上刊发漫画故事，其后走红。如今，吴琼发一些教粉丝化妆技巧的视频，没有专业学过漫画和化妆的吴琼和她的双胞胎姐姐吴京（@蓝妖兔子京），反而成为这方面的网红。

据吴琼介绍，当初自己画漫画，由于遭遇瓶颈，后来转型，将彩妆和漫画结合起来，粉丝量才开始迅猛增长的。

谈及自己的初衷，吴琼介绍，由于喜欢化妆，她的粉丝也是一群小女生。吴琼说："何不把我的小技巧分享给她们？"

吴琼发现这样做的效果不错，每发一篇教程，都大约会涨五六万粉丝，有一篇一天晚上甚至涨了14万。

吴琼的微博账号分为大号和小号，大号发漫画和彩妆教程，其中2016年1月1号发布的一条传授唇妆画法的微博，已经有超过1.8万次转发。小号则发一些照片和吐槽，粉丝70%以上都是女性，以90后居多。

吴琼当在微博上成为网红后，便在淘宝上开建网红店，很多粉丝就去吴琼开的淘宝店里购买化妆用品。2015年8月中旬，吴琼创建了自己的传媒公司，员工有20人。在电商、运营、插画、视频、策划等各环节均有专人负责。传媒公司创建才短短三个多月，吴琼的淘宝店铺就冲上三皇冠，销售了超过8万件彩妆商品，2015年"双十一"当天，吴琼淘宝店的营业额更是超过百万元。

这样的业绩，足以说明网红的巨大商业力量。不过，吴琼自己并不喜欢网红这个词。究其原因，吴琼认为，现在的网红，有点稍微贬义，感觉好像只要长得漂亮，整整容，只要有一点粉丝就可以当成网红了。

正因为如此，吴琼不大喜欢做网红，尽管很多人觉得她是网红，但吴琼认为，网红只是一个表象的东西，她更喜欢去做内在的世界。吴琼这样的观点，代表了无数内容网红的想法。不过，早在2015年，网红店铺的爆发性增长就已非常明显。

据公开数据统计，淘宝平台上已拥有上千位网红。2015年，淘宝举办的"66大促"活动中，销量排名前十位的女装店铺里，网红店占据7席。基于此，一些传统媒体坦言，部分网红的赚钱能力已经不逊于一线影视明星了。既然如此，作为网红，她们到底是如何赚钱的呢？

在这里，我们来分析一个网红的真实案例。"广告模特演员张奕"（@张大奕eve），作为一个网红经济的典型代表，拥有超过500万的微博粉丝。

而且张大奕把这500万微博粉丝的商业价值给挖掘了出来。在张大奕的淘宝店铺里，它半年累计销售近45万件商品，如果按照150元一件商品的保守估算，该店铺的月销量已经超过千万元。在2016年的淘宝C类，也就是个人卖家的女装店中，张大奕淘宝店的排名第一。

可能读者不知道的是，在张大奕网红淘宝店火爆的背后，其实是著名网红孵化平台——杭州如涵贸易有限公司在经营。据公开资料显示，如涵公司已经签约数百名网红，同时筹划上市。

据如涵电商网红负责人介绍称，如涵公司可以为网红提供三项服务：

第一，为网红提供从设计、生产、打板、做样到包装的供应链；

第二，提供传统淘宝的运营服务；

第三，对网红进行微博推广。

在这三块业务中，张大奕的微博推广做得较好。之前，张大奕的粉丝数量才20万，现在已经达到490多万了。当然，这项是全包性质的，他们帮其涨粉，会根据销售额跟达人分红。

在这种俗称涨粉推广中，他们需要在微博上购买"粉丝通"服务，并制造话题，策划活动。一位网红孵化平台的匿名负责人介绍称，涨粉这项业务，需要孵化公司的大量投入，由于每个人的风格和特点不一样，做得好的话，一元一个粉丝，做得不好的话，四五元一个粉丝。

一家研究机构的公开资料显示，以孵化器出资、网红出力的合作模式为例，网红可以拿到10%~20%的销售额。如果双方共同出资，网红的分红比例会更高。

如涵电商网红负责人表示，如涵公司会保证网红销售商品的品质，以确保不影响粉丝的体验。

网红经济的六大变现模式

网红经济的商业潜力超越了很多传统企业的想象,如鹿晗合影邮筒成为世界级网红,引来外媒的关注和报道。在这样的语境下,网红已经成为一种世界级现象,相关产业的巨大机会也被传统企业经营者所关注。

当然,在网红经济中,网红与网红经济的变现模式成为其关键支撑。一般地,网红的变现,不仅可以销售周边产品(游戏外设、抹茶美妆等),而且还走向了微电影、电视剧、综艺、电影、广告,等等。

基于此,网红的专业生产内容(视频网站)、专家生产内容(微博)趋势日趋明显,谁拥有资源和资本,谁获胜的机会就更多。因此,作为网红,无论是哪一种网红类型,其关键都在于粉丝。

在"互联网+"时代,全新的社交场景提供给网红更多发掘新的增粉途径的机会,如QQ空间、博客、微博、微信,等等。不管是草根,还是歌手、模特、主播、解说员、自媒体人等,他们凭借着各自的引爆点,在社交和商业上做更多探索。在这背后,网红经济的商业模式被挖掘出来。

"网红+广告"

在网红经济的商业模式中,"网红+广告"是很多网红最先实践的商业模式,很多网红都把"网红+广告"作为自己最先选择的盈利方式,也当作自己变现的首选方式。

这是网红本身的属性决定的。主要是大多数网红都是内容(文字、图片、视频、直播)的生产者,在自身领域拥有极强的专业性,对其生产内容的驾驭能力相对较强,加上粉丝非常认可网红的观点,对粉丝极易产生共鸣。

在很多视频社交平台上，一些网红发布自己的原创小视频，很多起初只是为了分享，但是其极具创意性的视频内容赢得了网民的关注和传播。于是，网红在新的视频中，可能会插入广告，由于网红在之前的分享内容中，发布新颖的视频内容，此次新视频中插入的广告自然容易被粉丝记住。

在此类广告中，展现方式主要有两种：第一，静态的物体在视频中的表现；第二，在视频后期制作中加入广告的元素。

如果将原创小视频上传至腾讯视频，或者通过微信公众号刊发时，在微信公众号的编辑中，网红的原创视频是可以加入文字广告或者图片广告的。

上述的广告，如果以100万人次的浏览量作为标准计算，按照0.1元每一个流量，那么这一个单链接的推送，网红就可以赚到10万元的广告费。

由此可见，"网红+广告"这种商业模式，其商业潜力巨大，很多网红都会选择。

卖会员、VIP，以及粉丝打赏

在对网红经济商业模式的剖析中，我们发现，有的网红会通过卖会员、VIP，以及粉丝打赏来变现自己的商业模式。

可以肯定地说，卖会员、VIP以及粉丝打赏这种商业模式在当下的网红经济中较为普遍。一般地，网红为了吸引粉丝关注，会定期制造许多热点话题，于是，新、旧粉丝自然乐于参与讨论。

当网红发布的某一个话题成为热点话题后，这为网红实现卖会员、VIP，以及粉丝打赏的商业模式变现提供了条件。

通常，当一个话题关注的粉丝足够多时，或者一个单链接、视频浏览量足够高时，粉丝关注量的商业价值就会凸显出来，网红的会员资格、VIP就可以销售几元，甚至几十元。

大量事实证明，一般情况下，当网红开发的话题成为热门话题后，至少有成百上千的人会购买这种会员。在这样的商业模式下，网红可相对容易地变现几万元的收入，除去平台扣除的中间费，一般也可以赚到一万多元。

在微信公众号中，有些优质网红创作的内容，其浏览量经常轻松地突破10万。如果按概率算，至少也有八九百人打赏钱，赏钱最低2元、最多20元起打，一个单链接下来，网红的赏钱收入也有过万元。

"网红+形象代言人"

在"网红+形象代言人"商业模式中，作为网红，能够走上此类商业模式，必然有其经纪人在经营。究其原因，作为某个企业或者某款产品的形象代言人，绝不是一件简单的事情，其需要注意的商业细节非常多。

第一，选择代言的对象。在选择代言的企业或者产品时，网红必须考虑自己的粉丝群体类型、自身作为网红的风格和特征。在符合这两点的基础上，找到与之匹配的代言对象。

第二，代言费的报价。当网红成为一个品牌的形象代言人后，不仅自身会维护其代言的品牌形象，同时还必须时刻懂得营销自己，以吸引新的粉丝群体。

数据显示，一个优秀的网红，其代言费通常不会低于100万元。当然，100万元的代言费尽管价格高昂，但是品牌商既然肯拿出如此高昂的代言费，也足以说明网红自身的商业价值和影响力。

为此，此类网红不仅仅可以为代言对象快速扩展市场，甚至还能推动自身全方位的发展。形象代言，这就相当于是网红的门面，不仅能赚钱，还赚到了名气。

网红培训班

一些网红经纪人机构，不仅与网红签约，同时还培训新的网红，将网红培训作为一门生意。数据显示，培训更多的网民如何成为网红，其市场前景十分巨大。

尽管网红这一概念的提出较晚，也就是在2016年才真正地火爆起来。但是，在移动互联网时代，随着"互联网+"国家战略的出台，网红必然会引爆一下轮风口。

究其原因，一个备受大众关注的新鲜事物一般都能够持续火爆两到三年，可以遇见未来三年的网红时代，网红的商业价值必然将被更多挖掘。

基于此，成为网红的巨大现实利益必然吸引着越来越多的人，把成为网红作为自己的创业方向。不可否认的是，成为影响力较大的网红，自己不仅需要拥有作为网红的必要条件，同时还需要擅长互联网营销。

然而，大部分有志于成为网红的人，由于不具备如此的能力，在这样有需求的背景下，网红培训班就诞生了。

当像罗振宇这样的网红成为投资者后，再去培训有志于成为网红的人时，培训班相对容易赢得这些人的信任，因为你是在用自身的案例培训他们。

这与明星工作室非常类似，如此热门的培训，其收费标准也相对较高，不过还是能够吸引成百上千的人报名。在这样的一个风口下，网红培训班的市场潜力不容小觑。

商业合作、品牌策划与话题炒作

这样的商业模式，通常与网红背后运营团队的能力有着较大的关联。一般地，网红具有先天的、强大的炒作传播优势。

为此，有些团队会精心地策划各环节的炒作点，把控每一阶段的成果，甚至分两个方向：一方以正面评价为主，略占上风一点；一方以负面传播为主，与正面直接竞争。最后以正面收官，起到完美的结尾作用。

有的团队在策划上一环接一环，呈不断递进式炒作，让话题不断升温。大量事实证明，一个优质的方案，通过完美的运营、炒作，完成预期的目标也就是在情理之中的事情。

如果一个网红的粉丝和流量总体在亿级以上的，其商业合作的费用就达到了百万元，网红从中也可以分到相当可观的收益。

网红做微商

在"网红+微商"的商业模式中,作为网红,单靠自己的力量是不够的,必须借助于一个强大的团队。

当然,网红在实践微商商业模式时,必须考虑粉丝转化为用户的数量和质量。在一个庞大的网红粉丝体系中,建立一个5000人的网红微商团队简直就是一件非常平常的事情。

为此,网红必须以自身属性特征和粉丝人群进行有效定位,找准产品的消费需求,利用好网红的内容生产优势和传播优势。

进一步通过系列策划来实践微商,用这样的运作模式,其销量是相当可观的。一般地,一个5000人的微商团队,其月流水额超过千万元通常是非常正常的。由于微商的产品利润都在50%以上,整个团队的月收入也在500万元以上。基本情况是,在一些核心微商团队中,网红最少可以分到20%的收入。

"网红+电商",颠覆传统店铺的营销模式

与凤姐"自我牺牲"式的卖丑网红有所不同的是,在自媒体,特别是微博时代的网红,不再以激进的"牺牲精神"来吸引粉丝的关注,而是遵从颜值就是粉丝的法则,当网红觉得自己的颜值不能达标时,通常会采用PS修图软件。

一般地,网红们凭借自己的高颜值和高品质的生活方式吸引了众多粉丝,粉丝的海量关注让"网红+电商"的商业模式一度成为流行一时的变现风潮。在淘宝网上,一些淘宝网红凭借稳固的海量粉丝群,以及自带的话题,甚至可以达到商家期望的高销售额。一些研究者甚至坦言,"网红+电商"正在颠覆传统店铺的营销模式。

"网红+电商",实现更高变现率

众所周知,一些演艺明星、社会名流等人群,凭着自己线下的知名度,往往能够在互联网聚集超过千万级的粉丝群,这样的影响力足以支撑巨大的商业价值的变现。

随着"互联网+"时代的到来,高速的带宽给予网民们成为网红的机会。网红与演艺明星、社会名流等人群不同的是,其往往是指普通人通过互联网发布自己的文字、图片、视频、直播等内容,先聚积海量的粉丝,然后才逐渐地火遍互联网。

2015年8月,淘宝在上海举办过一场网红现象沟通会。据淘宝官方公布的数据显示:截至2015年8月,淘宝平台已经拥有超过1000家的网红店铺,其中部分网红店铺上架新产品时,其成交额就突破千万元。这样的销售业绩让很多传统实体店铺望尘莫及。

在此次沟通会上，淘宝还公开了一些数据，其数据显示，在淘宝女装类目中，月销售额超过百万元的网红店铺，大约有1000个。在2015年"6·18"的大型促销活动中，销量前十的淘宝女装店铺中，竟然有7个是来自网红淘宝店。其中雪梨的淘宝店——"钱夫人"在2015年的全年销售额就超过2亿元。

在网红店铺中，其毛利率和净利润率分别高达40%、30%。雪梨经营的淘宝店，至少有4000万元的净利润，比一般的中小企业的赢利水平还要高。

这样的数据说明，一部分网红，不仅着装时尚靓丽，而且其变现的能力也很强，其收入无疑也十分惊人。根据招商证券发布的一份研究报告显示，网红经济的市场规模已经超过千亿元。目前网红主要的变现方式有如下几种：电商、广告、打赏、付费服务、线下活动等。

在"网红+广告"商业模式变现中，公开数据显示，目前网红的广告代言费一般是每次10万元左右。这样的数据得到拥有32万新浪微博粉丝的网红ayoku经纪人的认可，据ayoku经纪人介绍，ayoku的一条微博的推广费用在4~7万元。

对于"网红+广告"的商业模式，一些业内专家这样告诫网红：一般尽量不要植入太多广告，特别是内容生产型网红，一旦广告过多，很容易失去粉丝黏性。网红ayawawa的经纪人洪震在接受《每日经济新闻》记者采访时坦言："为维护我们自己的品牌价值，我们做广告也必须选择那些大型知名品牌。同时，我们一直坚持微信头条不接广告。"

因此，一些网红经纪人更愿意选择经营电商或与电商平台合作，这样的变现模式往往成为网红主要的收入来源。

一般地，网红与电商的合作收入通常以销售分成为主，不过，由于网红或者网红经纪人自身的影响力问题，分成比例的差距相对较大，甚至在同一家电商内部，针对不同的网红也会有不同的分成比例。

公开数据显示，在网红与电商的合作收入分成中，网红一般可以分到销售额的10%，但有的网红甚至可以分到超过50%的销售额。其具体的分成比例会根据网红自身的影响力、粉丝转化率、潜质以及其风格来综合考虑。

WeMedia联合创始人方雨向在接受《每日经济新闻》记者采访时举例说道："我了解到的一个网红的包年费是100万加销售分成，一年下来收入五六百万元。一线网红年收入甚至达到几千万元。但是，在网红的收入中，经纪公司也会分走一部分。"

在经纪公司看来，自己抽成是必须的，主要是因为在网红与经纪公司签约时，经纪公司通常会投入几十万元，甚至上百万元的资金，尽力地宣传推广网红。这笔推广宣传费用自然而然地以成本形式，摊加到网店当年的经营成本上，经纪公司如此分摊成本费用无疑是减少了网红当年的利润分成。

不仅如此，由于实力不同，经纪公司与网红的收入分化也较为明显。根据艾瑞咨询发布的数据显示，目前年纯收入超过百万元的网红大概约占整个市场的10%。青岛微创新营销公司基于网络大数据发布的网红经济白皮书显示，网红平均收入为2.1万元/月。网红年薪超过24万元的平均收入水平，已经超过京、沪、广、深等一线城市的普通白领。

"网红+电商"，颠覆传统店铺的营销模式

通过将网红电商与传统的电商相比较就不难发现，网红电商拥有更强的销售和吸金能力。网红孵化运营公司光灿联合创始人云枫在接受《每日经济新闻》记者采访时分析称，网红电商模式出现前，淘宝和天猫拓展业务，特别是国际业务时，更愿意将流量分给国际业务。在这样的驱动下，中国电商从淘宝和天猫获取的流量就相对有限，遇到瓶颈就不难理解。

随着网红经济时代的到来，网红经济的火爆打破了淘宝和天猫以前的做法，这就是因为网红可以从微博、微信等端口导入额外的流量，不依赖淘宝、天猫平台本身的流量，所以网红一度被誉为"自带流量"。

这给"网红+电商"的商业模式创新提供了实践的机会。一般地，网红通过自身发布的文字、图片、视频、直播，来吸引海量粉丝，然后将粉丝转变为顾客，这是网红最为主要的变现基本逻辑。

这与传统店铺的销售方式不同的是，网红在将粉丝转变为顾客的过程中，更为注重与粉丝的互动，注重产品的个性化设计和生产。

在店铺推出新品前，产品都必须让粉丝全程参与，即从选款、设计、搭配，以及工厂制作，网红都会通过社交平台，征集粉丝们的设计和生产意见，一旦新产品上架后，网红再向粉丝展示推广其全程参与的产品。

网红孵化运营公司光灿联合创始人云枫坦言："跟传统店铺先有产品，再找模特或名人来展示代言的模式不同，我们的产品、款式、设计思路选择等核心环节都是由网红来完成的，因为网红更能理解潮流、了解粉丝的个性喜好。而店铺只是负责供应链管理的工作。"

在这样的模式下，网红店铺的产品，并没有在技术或质量上有多少实质性的提升，但是由于粉丝的全程参与，这就更能获得粉丝的青睐。在自媒体专栏作家向坤看来，网红推销的产品，让粉丝消费者能够获得其产品外的情感价值和极致参与体验。这样的产品由于属于小众市场，满足了粉丝消费者更具个性化的需求，为产品带来了品牌溢价或软价值。

不仅如此，与传统电商凭经验预估销量不同的是，网红电商在决定进货量时，与传统电商有很大的不同。

有些网红电商通过让粉丝消费者参与设计与生产，已经开启了预售模式，粉丝消费者可以根据自己的喜好，参与设计产品，然后提前下单预订。

在预售限期内，网红电商根据实际下单的数量统一生产。事实上，目前网红店铺的服装生产周期已经能够控制在七天左右。

对于网红店铺有效地激活了传统服装企业的供应链效率问题，银河证券分析师马莉给予网红电商较高的评价，网红的出现改善了目前供应链效率较低以及客户营销不精准的问题。从供应链的一端，网红作为意见领袖导购渠道，通过将其自身对时尚潮流的高敏感度对接供应链厂商，向粉丝主动推荐经过筛选的服装款式，提高了供应链生产效率，缓解了库存高、资金周转慢等问题。

第五章

★ 再小的网红，也都有自己的经济

反观网红的发展史，就不难窥见从网红1.0到网红4.0，网红的发展历程和自身的变化。当越来越多的网红赢得资本青睐后，互联网文化的变迁与资本联姻也是越来越清晰，其潜在商业价值十分巨大。

网红的流行程度，超出很多研究者的想象。早在2015年，网红就登上《咬文嚼字》杂志年度"十大流行语"榜单，足以看出，网红这个词汇的超级影响力。即使到了2017年，网红的热度依旧不减。

企业家网红——老干妈创始人陶华碧不参加2017年两会的信息出现在媒体头条，再度引来网民和研究者对网红以及网红经济的热烈关注。

当网红的巨大商业价值被充分挖掘时，一个完整的网红经济产业链随之浮出水面，不再局限于水下。不仅如此，在网红产业链上，哪怕是那些小网红，其经济规模也不容小觑，正所谓："再小的网红，也都有自己的经济"。

网红1.0到4.0，价值链的演变

当我们回顾互联网20多年的发展历程，随着互联网的发展，网红现象兴起的轨迹依旧脉络清晰。20世纪90年代，低速的带宽条件下，网民们只能在网络论坛里激扬文字，指点江山，如网络写手痞子蔡、安妮宝贝。

其后，互联网迎来自己的2.0时代，网红凭借自己的独特个性、恶俗搞笑、奇葩言行争霸互联网，其代表人物如凤姐、芙蓉姐姐。

在史诗般的互联网进化中，其后的网红，凭借自身的影响力，在互联网上指点江山。那些掌控话语权的名人大V们犹如皇帝般，受到了千万人的敬仰。

如今，新生代的网红搭载着新媒体的列车，借助短视频等方式乘风向前，赢得了无数粉丝的关注。

回顾互联网的这段历史，其背后的网红们迎来了一批，也送走了一批。有些网红早已被网民所遗忘，这些网红许多已回归到平静生活中；而也有的网红仍然纵横网络数十年，与喧嚣的互联网世界珠联璧合。

当然，不管是那些被人缅怀或遗忘在过去的文学写手，还是现如今依旧热力不减的新媒体草根，网红的发展史，同样也是一部活生生的中国互联网大众文化的发展史。其褒贬自然有媒体评述，但是网红这种文化，却见证了当下这个时代中浮躁的人性。在这个背后我们同样也能读出，那些追求个性出众的网红，不断地挑逗现实，迎合大众情趣的做法荒诞而又滑稽，真实而又另类。

网红1.0：痞子蔡爆红的网络文学

1994年4月20日，中国通过美国SPRINT公司连入INTERNET的64K国际专线。一条64K的国际专线接通，意味着中国正式开启互联网时代。

第五章
再小的网红，也都有自己的经济

当中国互联网时代正式来临时，门户网站如雨后春笋般崛起。随着门户的创建，各种信息开始在互联网上传播开来。这为论坛的兴起提供了合适的土壤。

正是因为互联网的方兴未艾，普通网民这才拥有了一个参与到互联网内容创作的机会。在这样的语境下，随着互联网的普及，普通网民的参与也因此而生。

尽管在当时家用网络只有几K的有限带宽，中国台湾省作家痞子蔡（蔡智恒）的《第一次亲密接触》通过互联网，以其活泼的语言吸引着众多的读者。这样的变化却是通过互联网来走进读者的视野的。

追溯中国网红的发展历史不难看出，作为"中国网红鼻祖"的痞子蔡，不仅开启了中国网红1.0时代，同时也在这个时代留下自己不可磨灭的印迹。

随着痞子蔡式文学语言的走红，一些眼光独到的创业者看到了互联网蕴藏的巨大商业力量。1997年，美籍华人朱威廉创办了文学网站——"榕树下"。

"榕树下"坚持"文学是大众的文学"，倡导"生活·感受·随想"，使文学通过网络这一快捷的载体真正变成了大众的文学，同时也使许多爱好文学的人好梦成真。

在这个互联网平台上，诞生了后来红极一时的编剧宁财神、安妮宝贝、今何在以及慕容雪村等人。

在那个文字激扬的时代，一些网络写手以文字安身立命，活跃在各个BBS等各大网络论坛，其中很多人因此成了中国网红史上的第一批网络红人。

1998年，作为中国台湾省的作家痞子蔡，与以往传统作家不同的是，痞子蔡在BBS上发表自己的第一部小说——《第一次亲密接触》。

让痞子蔡没有想到的是，这部网络小说竟然风靡中国各大网站。在全球华文地区，都掀起了一股痞子蔡文学热潮。

一些读者纷纷地向痞子蔡的邮箱发邮件，表达自己阅读《第一次亲密接触》的所读所想。由此，痞子蔡现象也正式开启了网络红人发展的新时代。

其后，宁财神、安妮宝贝、今何在、慕容雪村等作家，也逐渐地通过网络文学在互联网世界中崭露头角乃至红极一时。

中国网络文学为早期互联网的内容，创造并输送了新鲜的血液。其后当论坛、聊天室兴起后，普通网民拥有了更多在虚拟世界里共同交流和分享的机会，这些信息的传递也为网红现象的发展增添了更多的传播动能。

今何在，原名曾雨，1977年生于江西南昌，1999年毕业于厦门大学。2000年，其作品《悟空传》在新浪网发表，一面世便红遍网络，引领了网络文学的阅读和创作高潮，被誉为"网络第一书"，成为中国网络文学的里程碑。2013年其与电影人周星驰合作，合作了电影小说《西游·降魔篇》（该片创20项华语片票房纪录）。

不仅在文字领域，就是在互联网模式的探索上，中国第一代互联网追逐者式的网红人物张树新也开始了自己的漫漫征程。

时间回到1996年那个初春，在北京中关村，这个被誉为中国硅谷南大门零公里处的地方，矗立起一块巨大的广告牌，广告牌上的内容是："中国人离信息高速公路还有多远——向北1500米。"

如今可以肯定地说，这一天被认为是中国网络产业的一个重要纪念日。从此刻开始，这块巨型广告牌无疑就成为很多人对早期中国互联网研究的一个起点；当然，正是这个广告牌的竖立，也标志着中国开始进入了互联网商用时代。对于日后名声大振的张树新而言，这一天，由此载入了中国互联网的史册。竖立广告牌的张树新和她的"向北1500米"的默默无闻的小公司——北京瀛海威信息通讯公司因此走进了历史。

1986年，时年23岁的张树新从中国科技大学毕业。在中国科学技术大学上学期间，尽管张树新就读于化学系，自幼渴望成为"居里夫人"，但她成为中国科学技术大学历史上第一位女学生会主席、诗社社长，真可谓是一个名副其实的当代才女。在经过几年的学习之后，张树新突然发现自己的个性并不适合自己原来的理想。在后来的采访中张树新坦言："当初我之所以学化学是因为我想成为化学世界的中国居里夫人。但后来我发现自己没有如水心境，做不了学问；而自己又天性自由，也不宜从政。为了圆中学时代当一名战地记者的梦，她毕业时选择了记者行业。"

在兴趣和梦想的促使下，张树新放弃了出国和报考研究生的机会，毅然成为《中国科学报》的一名记者。张树新这样的选择让同学和老师们惊诧不已。正是这次出人意料的选择，她开始了日后又一次次地在人们不解的目光中不断改变着自己的人生轨道。

在20世纪80年代末期，下海经商成为中国最热的词语之一。这个词语不仅冲击着传统的企业职工、政府工作人员，就连被称为"报社最好的记者"的张树新也开始涌入这个大潮中。

1989年，突然辞去记者的工作的张树新，到中国科学院高新技术企业局开始了她的另一段工作，主要从事企业策略研究。在此期间，张树新参与制订了中国科学院2000年产业规划，正是这份工作，让张树新澎湃的创业梦想暗流潮涌，因为她目睹了当时中关村的神奇崛起和无数企业的创富神话。

1992年，在汹涌而至的"下海"热潮中，早已按捺不住创业冲动的张树新毅然辞去中国科学院高新技术企业局的工作，创建了北京天树策划公司，做起指点江山的策划人。

其间，张树新与丈夫姜作贤经营当时较热的传呼台生意，并很快挖到了第一桶金。不过，张树新在赚到第一桶金之后，又开始了新的旅途。张树新说："传呼台是短期生意，不久我们就出手了。在1994年，我们又没其他事可干，于是就闲着。"

为了寻找新的创业项目，在1994年底，张树新与丈夫姜作贤一起去美国考察学习。在此期间，张树新收到了一个同学印有E－mail地址的通讯录。然而，谁也没有想到的是，正是这次美国之行，正是这次收到的这个与互联网有关的通信录，改变了中国互联网的进程。

互联网就像一只长着翅膀的精灵，进入了张树新的视野中。此刻，美国人马克·安德森（Mark Anderson）刚刚发明了马赛克网络浏览器，在美国本土上网的人数首次突破了100万人次。比张树新小4岁的杨致远已经与大卫·

费罗一起在斯坦福大学的一个拖车里开发出了划时代的雅虎（YAHOO）网站……

毫不夸张地说，张树新在1994年底的美国之行，彻底改变了张树新的命运。在随后的网络2.0时代，作为网红1.0的张树新结束了自己的时代。

网红2.0：无个性，不网红

经过互联网几年的迅猛发展，中国经历了互联网发展的第一个黄金时期。2000年后，随着带宽的加大，互联网因此进入高速的图文时代，虚拟世界逐渐开始变得丰富多彩，一些草根也开始凭借自己夺人眼球的图片而走红，这便铸就了网红2.0时代。

在2004年，以芙蓉姐姐为代表的网红，把自己的"S"形照片上传到"水木清华""北大未名"，以及MOP网站论坛上，结果异常火爆。

在这些照片中，芙蓉姐姐以独特的"S"形风格、绝佳的自信、绝对的自我展现，赢得了网民的广泛关注。

究其原因，"S"形风格照片与大众网民审美形成强烈的反差，就这样，芙蓉姐姐迅速火爆起来。

芙蓉姐姐"S"型照片的爆红，预示着芙蓉姐姐作为网红2.0时代的代表人物，将图文并茂的网红2.0时代推向了前所未有的高潮。

其后，章泽天同样因为一张手捧奶茶的照片，迅猛地蹿红互联网；就连那个"犀利哥"，由于其犀利的造型，与其乞丐身份形成巨大反差，一时间也让其红遍大江南北。因此，在那个互联网快速发展的激情燃烧的岁月，网红几乎都是凭借在平台上上传具有爆点的照片，或是发表出位的言论而走红。在此阶段，网红背后开始集结了一些推手进行事件营销。

与第一代仅靠网络写作成名的网红对比来说，第二代的普通网民在网络世界中出头的概率逐渐变得越来越小。在这样的背景下，网红的产生也逐渐趋向个性化甚至是恶俗化。一开始为了能够在网络里获得关注，以木子美为代表的新一代网络写手开始了"体验式"写作之路。

2003年，木子美开始在互联网上大胆地公开自己的性爱日记，尤其是与某摇滚乐手的一夜情细节，进而一炮而红。

尽管对木子美的做法很多网民并不认同，但是人性的好奇心最终征服了网民的民意。因此"木子美现象"一度引发网民热议。

互联网从来都不是净土，不甘落寞的网红，脱颖而出。从2004年1月5日起，一个自称"人家妖孽"的竹影青瞳开始在天涯个人博客上实时更新自己的裸照。仅仅一个月内，其博客点击率，竟然飙升到13万多。

在这一波"晒裸"潮中，一些文字创作者也加入其中。2005年，武汉籍自由撰稿人流氓燕在天涯社区发布清晰的半裸照，一日后又发布全裸写真，这引来网友的极大争议，天涯社区的服务器一度因为访问量激增而瘫痪，流氓燕在天涯的博客也立即变得炙手可热。

当流氓燕如火如荼时，一个名叫"叫兽易小星"的网红爆红。公开资料显示，"叫兽易小星"，湖南省岳阳市人，早期的网名是"蠢爸爸小星"。

刚开始，"叫兽易小星"制作恶搞短片，其效果非常明显，风靡整个互联网，在年轻人群中颇有知名度。其全部作品，都将kuso艺术发扬到了一个前所未有的巅峰，被传诵一时。

其后，"叫兽易小星"转型做导演。2015年，"叫兽易小星"导演古装喜剧电影《万万没想到：西游篇》。2015年12月18日，该片在全国上映。

浮躁的互联网世界向来都拒绝平庸。只要网红拥有足够的个性，只要网红愿意发布新颖的文字、图片、视频，他就能在这个虚拟世界里获得脱颖而出的机会。

在网红2.0时代，网红也逐渐变得越来越多，类型也越来越丰富多彩。正可谓是：无个性，不网红。

又如网红罗玉凤，女，1985年9月生，重庆人。其爆红主要是由于一系列雷人的言论，因此被网民称为"凤姐"。

在罗玉凤的雷人言论中，其自称精通古汉语、诗画鉴赏、琴皆有所涉猎，甚至自称"9岁起博览群书，20岁达到顶峰，智商前300年后300年无人能及"。

在此阶段,不仅有凤姐,还有网红郭美美。资料显示,郭美美,女,真名郭美玲。2011年6月,郭美美曾在微博上以"中国红十字会商业总经理"的虚假身份炫富而爆红。其后,备受千万网民关注。

2014年7月,北京警方抓获正在参与网络赌球的郭美美。2015年,北京市东城区人民法院公开开庭审理郭美美、赵晓来涉嫌开设赌场案。郭美美犯开设赌场罪,被判处有期徒刑5年,并处罚金人民币5万元。从此,网红郭美美落幕。

网红3.0:意见领袖的疯狂时刻

随着互联网的深度发展与创新,传统的论坛、博客已经进入一个瓶颈,其后精简的微型博客出现在网民面前。

微博却为日后网红的培育,开辟了一个新的根据地。当然,新诞生的微博,是为了适应互联网新时代网民需求的变化,它有效地让网民在快节奏的生活中更为轻松地交流互动。

于是,实时分享引爆热点的事件开始络绎不绝,网络段子手亦层出不穷,粉丝经济由此越演越烈。2010年,微博等社交平台迅速崛起,这时一批网络段子手在社交平台上异军突起,掌握了十足的话语权,宽频时代的网红3.0也随之开启。

究其原因,微博给了草根网民更多发声和参与讨论的机会,不仅如此,更让普通网民享受到了更为自在的畅所欲言和自由表达的快感。

因而微博的到来,使得更为便捷的信息传播迅速成为网民们日常生活的一部分,这样的颠覆式变化给网红的爆红提供了新的突破点。

其中,最有代表性的自然要数网络大V的异军突起。例如"留几手",人称"手哥",在新浪微博上以毒舌式点评评价别人的长相,引起广大网民的关注。

在"留几手"的点评中,他不仅点评别人的照片,还会打出具体的分数。为此，很多人都被"留几手"打出极低分数，甚至负分，其中不乏明星发的自拍求"留几手"点评。

又如，"回忆专用小马甲"，其初衷是用作感情回忆，因博主"马建国"上传了两只萌宠"妞妞"和"端午"的照片，其后，该微博受到了广大网民的关注。

在这组图片上，萨摩耶"妞妞"又二又怂，而折耳猫咪"端午"显示出"高冷"的性格，图片风格相差很大。由于博主再配上幽默搞笑的文字，使"小马甲"的人气飙升。

在此阶段，网络段子手非常多，如"所长别开枪是我""马伯庸""作业本"等等，即使到如今，他们依旧具有较强的影响力。

在网红3.0时代，微博的影响力已经不能小觑，作为明星，他们也不得不参与到微博上。例如女演员姚晨。2006年，由于出演《武林外传》，凭借"郭芙蓉"一角，姚晨获得第18届北京大学生电影节最受欢迎女演员奖项。

2009年8月，姚晨入住新浪微博。2010年7月，姚晨的粉丝数量一举突破200万。新浪微博内测一周年之际，姚晨的粉丝数量已达2448788人。

2011年7月27日上午，姚晨在开通新浪微博23个月后，成为新浪微博首位粉丝人数突破1000万的微博用户。

2015年，姚晨入围美国《时代周刊》评选的"全球30位最具网络影响力人物"。

在网红3.0时代，万达创始人王健林之子王思聪，由于自身的特殊身份——北京普思投资有限公司董事长、IG电子竞技俱乐部创始人、万达集团董事，以及其特立独行的风格，成为名副其实的网红。

2016年3月7日，《互联网周刊》发布了"2015年中国网红排行榜"，作为富二代的王思聪，凭借超强的影响力，排名第一。

作为曾经的首富之子，王思聪由于出生在互联网时代，懂得互联网营销，于是经常以毒舌、犀利著称，被网民亲切地称为："土豪的命，屌丝的心"。

网红4.0：papi酱的资本时代

伴随互联网技术的不断发展，带宽不断地扩展，互联网因此步入宽屏时代。在这样的技术条件下，视频级平台的崛起，开始让网红的发展迈向新的高潮。

在此阶段，网红不再只是恶俗、奇葩的代名词，已经从传统的文字、图片，开始向视频以及网络直播转变。曾经的个人任性互动发声已经不能再适应新时代的需要，专业团队的集体运作也因此开始出现在网红的爆红背后。

基于此，新生代网红，不再像曾经的网红1.0、2.0、3.0那样，热衷于单打独斗，而是开始逐步转向专业化、平台化的操作模式。

不仅如此，网红的爆红形式也日渐多元化和商业化。当网红和商业结合在一起时，新型的网红经济就开始成为被人追捧研究的热词。的确，如今的网红已经开始步入4.0时代。

此阶段的特点，是移动互联时代，自媒体与公共媒体实现实时交互。有的网红开始通过淘宝、短视频、直播等移动平台APP输出内容IP。

不仅如此，一些平面模特或是对穿搭有自己独到见解的博主开始设立自己的个人品牌。数据显示，如今这个群体的总数，据统计已经超过1000家。在2015年淘宝平台公布的女装C店（非天猫类店铺）年度销售额排行TOP10中，来自网红的店铺就有5家，其中像张大奕的店铺一年进账3亿元。

在网红4.0时代，不仅是张大奕，papi酱也是此阶段的典型网红，被誉为"2016年第一网红"。

从2015年8月开始，在个人微博上，作为博主的papi酱发布一系列的秒拍视频以及原创短视频。让papi酱没有想到的是，自己凭借其张扬的个性、浮夸的表演、毒蛇的吐槽，让无数的网民为之倾倒，迅速引爆互联网。

当然，被papi酱吸引的粉丝，不仅有网民，还有风投。2016年3月，papi酱获得了真格基金、罗辑思维、光源资本和星图资本共计1200万元的联合投资。

当风投进入后，papi酱的商业价值因此被众多的传统企业看到。2016年4月，papi酱的第一次视频贴片广告以2200万元的天价卖出。

作为一个网红，2200万元的天价广告让中国网红看到了希望。很多媒体坦言，papi酱的走红，标志着中国的网红开始向着优质内容输出转型升级。

技术是生产力，而且是第一生产力。这样的道理被互联网视为圭臬。当智能手机硬件发展取得长足进步和无线网络逐步普及后，一大波直播平台迅速地创建。在直播平台上，各类主播由于自身的风格各异，都尽可能地展现自己，其后她们爆红，成为4.0时代的新生代网红。

直播平台提供的多是实时的直播，因此，主播在直播时多为现场直播。由于网红与粉丝间的交互性较强，这种形式自然而然地拉近了网红主播与粉丝间的距离，网红也因此吸引了更多的粉丝驻足观看。

在技术的推动下，各类平台共同为网红的诞生，提供持久的动能，网红由此开始持续涌现。例如，发布星座漫画的同道大叔、王思聪的90后女友兼淘宝店主雪梨、YY娱乐当红女主播沈曼、融资1200万元的"2016年第一网红"papi酱……

从这长长的名单可以看出，新生代的网红已经迈向了多元化的发展之路。她们通过各个平台的同步运作，增强粉丝的黏性，不断转化与变现，不断传播制造，其背后蕴藏的庞大"商业追求"已经悄然浮现。

以同道大叔为例，从2013开始，同道大叔陆续发布了一系列关于12星座在恋爱中及生活中的不同表现漫画。其后迅速赢得网民关注，其粉丝数量超过同道大叔自己的预期。

截至2015年4月，同道大叔的新浪微博粉丝超过500万。在这些漫画中，同道大叔以幽默诙谐的文字，加上恰当的配图，又主要以吐槽12星座在恋爱中的不同缺点为内容主体，因此吸引了大量"星座控"，当这些"星座控"看过漫画后纷纷对号入座，直呼"一针见血"。

在这样的关注与转发下，同道大叔的微博再次被引发大规模关注，其中"大叔吐槽星座"系列漫画，多次登上热门微博排行榜。这样的热度足以看出，在微博上，网红的爆红，多数还是源于自己的原创内容。

在互联网上，从来都不缺后来者，被誉为"2016年第一网红"的papi酱，其本名姜逸磊，是一名中央戏剧学院导演系学生。

从2015年8月开始，papi酱上传原创短视频。以一个大龄女青年的形象，papi酱出现在网民面前。不过，这并不值得大惊小怪，让网民不可小觑的是，papi酱对日常生活中的种种形象进行种种毒舌的吐槽，其幽默的风格让不少网民捧腹大笑。

目前，网红已经从1994年的1.0时代，发展到了如今的网红4.0时代。其间，中国网红的数量早已超过百万人。

网红经济的价值链

研究发现，网红产业链模式主要由小型社交平台、综合社交平台、网红、网红经纪公司、电商平台，以及为网红提供产品的供应链平台和品牌商几部分组成，见图5-1。

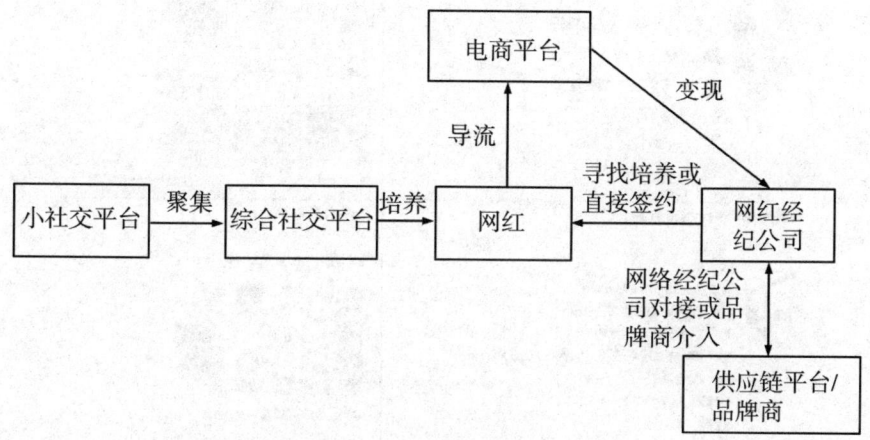

资料来源：马莉，陈腾曦，林骥川.网红产业链深度解析，2016-03-21.

图 5-1 网红产业链

网红

在网红产业链模式中，作为终端的网红，是网红产业链中的一环。众所周知，作为网红，必须是在社交平台上拥有一定量的社交资产，同时拥有将社交资产变现（变现方式通常包括广告与网红电商）能力的人群。

一般广义的网红，其范围相对较广泛，不止是在互联网上走红的、善于自我营销的女性，在这里，网红主要是在以新浪微博为主的各大互联网站社交平台上均长期活跃着的各类垂直领域的意见领袖或者行业达人，具体包括游戏、动漫、美食、宠物、时尚、教育、摄影、股票等领域。见图5-2。

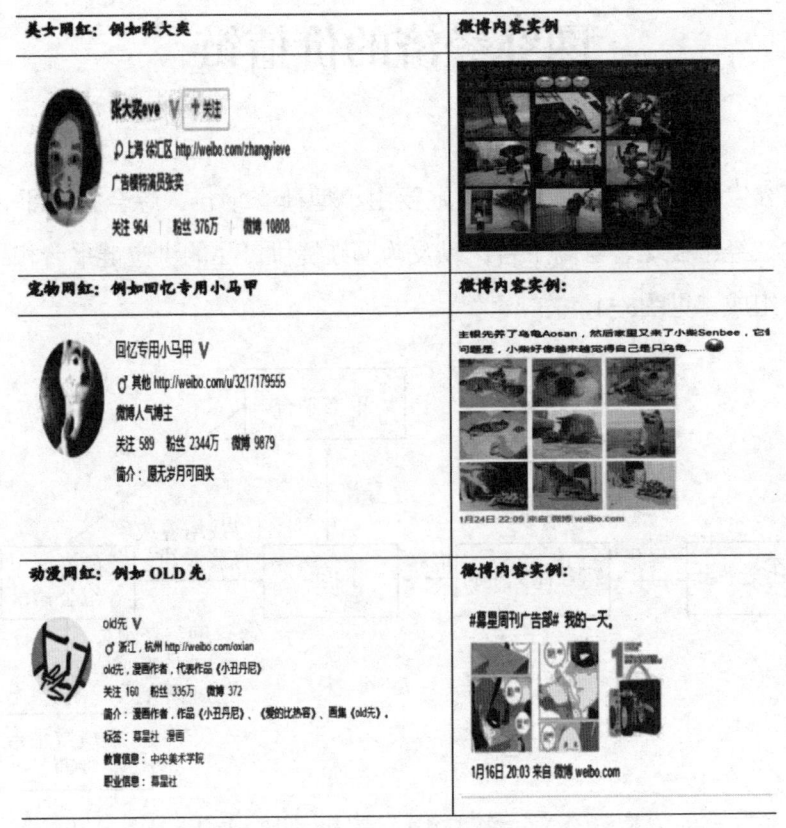

资料来源：马莉，陈腾曦，林骥川. 网红产业链深度解析，2016-03-21.

图5-2 各类网红示例

从图5-2可以看出，上述网红的特点非常典型——平民化、廉价，以及精准营销。这样的商业价值正是值得传统企业经营者挖掘的。

与传统的粉丝经济"漫灌"营销不同，网红经济极具专业性。主要是绝大多数网红在特定领域拥有自身的专业性，这就为更精准地把传统企业的产品推荐给粉丝提供了条件。这样不仅能巧妙地激活粉丝的购买需求，同时还实现了"精灌"的营销模式，提高了网民的消费转化率。

不仅仅如此，加上网红兼具广告或流量费相对较低，以及平民化的特点,使这样的粉丝经济更具独特优势。

社交平台

在网红经济产业上,社交平台和电商平台的作用不可或缺,甚至被誉为网红经济产业链上两个非常重要的流量"聚-变"环节,所谓"聚-变",就是指"流量聚集-流量变现"。

众所周知,网红经济的实质就是粉丝经济,必须依靠网红吸引大量的粉丝,其后与粉丝建立较为忠诚的情感联系,最终把粉丝变为潜在的客户,这才完成变现的全过程,见图5-3。

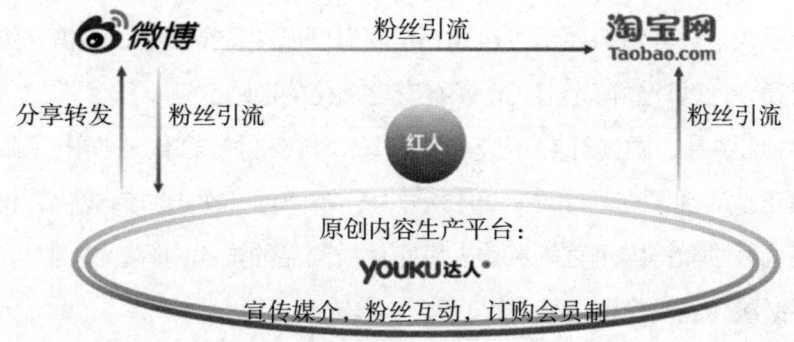

资料来源:CBNData.《2016年中国电商红人大数据报告》,2016-05-24.

图5-3 网红变现流程图

因此,在网红经济产业上,作为网红与粉丝交流互动主要平台的社交平台,不仅是网红吸引大量粉丝的主要工具,又是网红孵化机构、网红经纪公司维护粉丝的一个重要场所,同时还是广告的发布地。

在这里,所谓的社交平台,主要指广义社交平台,具体是指以微博、微信为代表的综合社交平台,同时还包括垂直社交(旅游社交、音频社交等)、社区论坛(贴吧、豆瓣等)、视频网站(优酷、爱奇艺、Bilibili)、直播平台(斗鱼、YY、映客、唱吧等)等。

从社交平台的定义可以看出,当下的互联网社交平台,已经不再局限在传统的明星大腕了，互联网技术的普及，已经完成了传统聚变的去中心化过程。

在这样的背景下，任何一个社交平台都可能成为网民的自媒体，这样的技术累积，为各个领域的草根网民成为网红打下了坚实的基础。当网民成为网红后，其在社交平台上积累的粉丝资产，可通过电商平台或者社交平台变现，最终变现为其商业价值的收入。

在社交平台上，微博是网红们非常善于经营的阵地，尽管微博是作为弱关系社交的代表平台，但是微博却成为普通网民与大腕明星、各类名人、意见领袖等沟通的主要桥梁。毫不夸张地说，微博已经成为中国网红们必须坚守的聚集地。

究其原因，微博平台拥有早已形成的庞大社交关系网，其蕴含的商业价值十分巨大。公开资料显示，自2013年阿里巴巴注资微博后，微博与淘宝的账号互通，这就让微博走上了一条社交电商化的道路。

2014年6月，微博开启了商业化引擎，与支付宝合作，推出了微博支付，真正地实现了交易闭环；2015年7月，微博再一次出击商业化，推出微博橱窗，鼓励微博内垂直领域达人发布优质商品的推荐内容，关键是，用户可以不必跳转到淘宝网站就可以直接购买。

微博如此商业化布局，极大地提高了微博的交易转化率。微博一度被视为打造了中国最大的社交电商闭环，这为孕育大量电商网红提供了条件。

如前所述，作为内容网红，由于本身的属性，其在社交平台上积累的粉丝特质和调性更具多元化，在电商化的过程中，其变现的难度相对较大。因此，内容网红的变现，主要还是依靠传统的广告、打赏、虚拟礼物等方式。

在变现过程中，广告变现通常适用于段子手、视频博主；直播类网红的变现方式则是打赏、虚拟礼物；与前两类网红不同的是，游戏主播的变现方式相对丰富，除了接受粉丝的虚拟礼物外，还可以从平台签约、自营淘宝店获得收入。

当然，随着旅游、母婴、财经等更多垂直领域的深度发展，一些自身领域的专家通过社交平台成为各自领域的网红，同时也成为内容网红，其变现方式也有所不同。

在网红整个产业链中，一些小型的社交平台由于自身拥有在其领域的专业性，其黏性较大，该社交平台的网红往往在该领域拥有特殊才能，或者在参与讨论以及回帖互动的过程中，逐渐受到其他兴趣相同的网民的关注。当被关注人数逐渐增多，这位具有特长的网友就可能逐渐成为该小型社交平台的网红。为此，中国银河证券研究部把很多小型社交平台称为网红衍生社区。见图5-4。

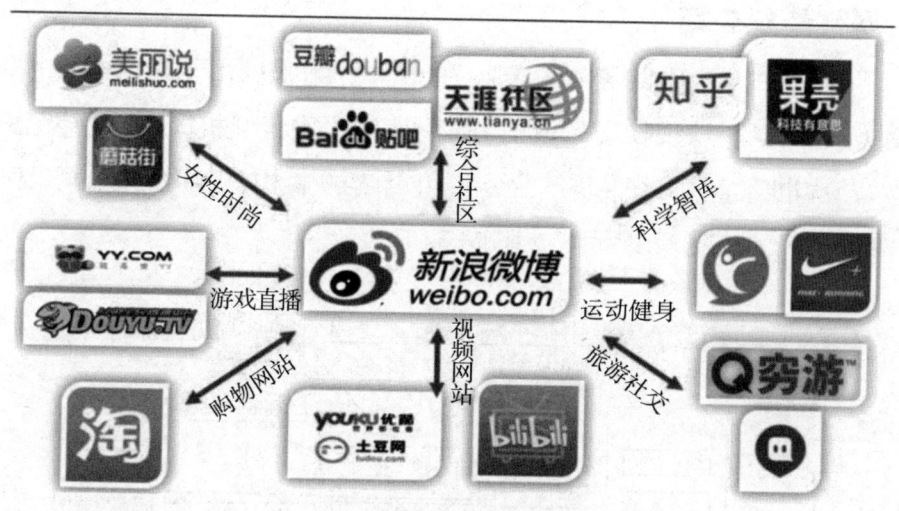

资料来源：马莉，陈腾曦，林骥川. 网红产业链深度解析，2016-03-21.

图5-4 网红衍生社区

当然，由于很多社交网站拥有专业性或功能性，这就影响大规模网民的浏览和参与，其日常流量也就相对有限。一些网红为了持续地提高自身的知名度，必须持续向流量较大的综合性社交平台聚集。

这就是很多较大综合性社交平台拥有数以千计的网红的原因，而且这些网红还能长期活跃在大型平台上，见表5-1。

表5-1 各社交网站日均IP访问数（统计时间于2015年1月25日）

新浪微博	1.12亿
天涯	678万
豆瓣	28.5万
BILIBILI视频网	1077万
知乎	1008万

资料来源：马莉，陈腾曦，林骥川.网红产业链深度解析，2016-03-21.

网红经纪公司

不可否认的是，大量网红的变现，有的网红通过电商，有的网红通过广告等方式。当网红实现收入大增时，离不开一些网红孵化机构、网红经纪公司的宣传和推广。在网红经济产业链上，网红孵化机构、网红经纪公司仅仅是网红经济产业链的造血环节，见图5-5。

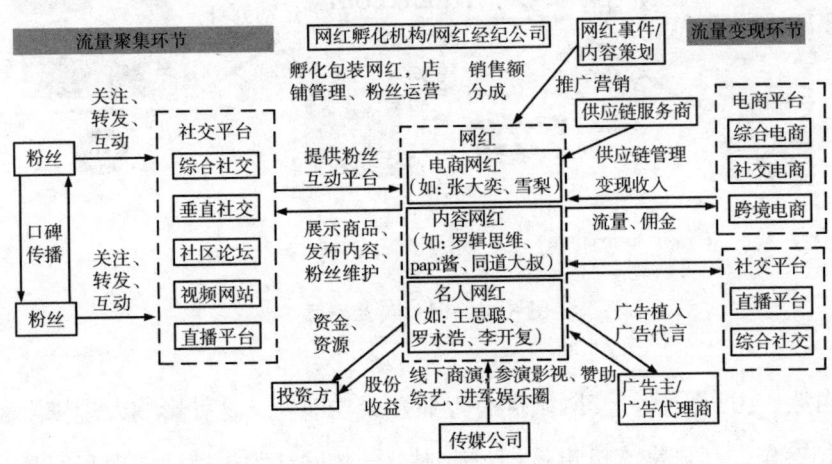

资料来源：易观智库.2016中国网红产业专题研究报告，2016-09-02.

图 5-5 网红经济产业链

通常，网红孵化经纪公司分为四个类型。见表5-2。

表5-2 网红孵化经纪公司的四个类型

类 型	内 容
（1）演艺经纪型	此类网红孵化经纪公司效仿传统的娱乐经纪公司模式，一般会与网红签订较长时间的独家约。 因此，此类网红孵化经济公司对网红的培养周期也相对较长。如通过对网红全程的招募、培训、选拔、包装、变现，甚至还实现网红向明星化打造。
（2）电商孵化型	顾名思义，此类网红孵化经纪公司主要以孵化网红个人电商品牌为核心目的。在这样的前提下，此类网红孵化经纪公司才与网红签约合作。 通常，网红仅仅负责商品的设计和内容产出，而电商孵化经纪公司负责供应链管理和店铺的日常运营。
（3）内容MCN型	由于自身拥有较强的内容生产能力，此类网红孵化经纪公司在此基础上，开展MCN类业务。 一般地，此类网红孵化经纪公司挖掘、包装不同的内容IP创作者，向合适的媒体资源定向推广、发行和变现。
（4）平台生态型	此类网红孵化经纪公司核心在于，打造网红孵化、培养、变现的业务生态，为网红成长提供一个优质的发展平台。 一般地，此类网红孵化经纪公司不强求与每个网红都签约，更多的是展开与网红合作，通过全成长周期的优质服务，黏住网红。

一些网红孵化机构、网红经纪公司会培训具有网红潜力的草根网民，凭借自己的相关资源，特别是自己的渠道，积极地宣传和推广。

尽管如此，想要打造一个长青的网红并不是一件容易的事情，这不仅需要凭借一些网红孵化机构、网红经纪公司的资金实力，同时还要求网红的专业性较强。这无疑给复制网红带来了难度。

网红孵化机构、经纪公司这样做，仅仅是筛选和放大了网红的存在，但是网红的发展还是取决于其自身。在很多研究者看来，网红的复制必须培训其外形和表演，尽管这方面的培训有一定的要求，但是其可复制性相对较强。这就是一些网红孵化机构以及经纪公司热衷服务电商和直播领域的重要原因。

（1）电商领域。

在网红产业链中，网红孵化机构、网红经纪公司起到"供应链+代运营+经纪人"的三重作用。在供应链方面，网红孵化机构、网红经纪公司对接代工厂，保证能够快速响应网红店铺的小批量、多批次的生产需求；在代运营方面，网红孵化机构、网红经纪公司可以给店铺经营、推广新产品提供大力支持；在经纪人方面，网红孵化机构、网红经纪公司帮助网红维护社交账号，并宣传和推广。

不仅如此，优秀的网红孵化机构、网红经纪公司还拥有强大的大数据分析能力，既可以分析网红的发布内容，同时也可以分析粉丝在社交平台上的各项数据，并以此为基础，精准地预估产品的产量。

在电商领域，如涵电商作为较为知名的网红孵化机构，可谓是一个较为典型的案例，其运营模式如图5-6。

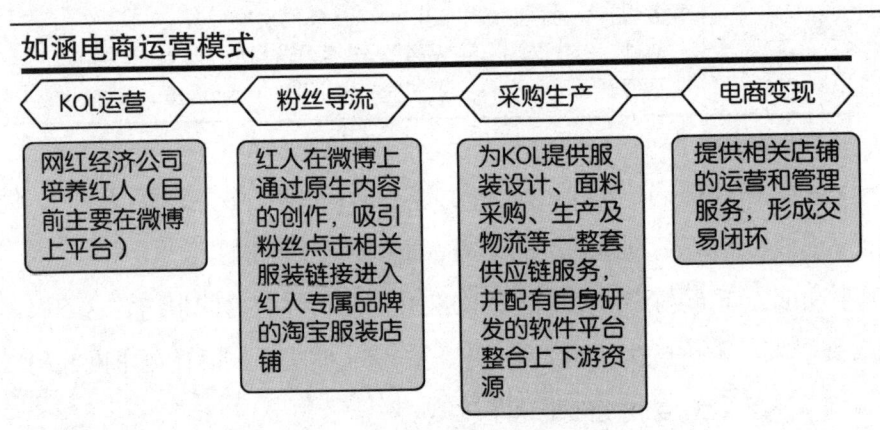

资料来源：马莉，陈腾曦，林骥川. 网红产业链深度解析，2016-03-21.

图 5-6 如涵电商运营模式

公开资料显示，如涵成为网红孵化器的起点，得追溯到与女装模特张大奕的合作开始。

2013年，作为女装模特的张大奕，在社交媒体平台微博上已积累了一定的名气。此刻的张大奕决定做自己的服装品牌。尽管这是一个非常不错的点子,但是不得不面临供应链、物流等问题。此时的如涵,在正经营着一家淘宝销量前10名的女装店——"莉贝琳",不过该店的业绩增长已开始渐渐地放缓。

2014年夏,如涵看到了张大奕的商业价值,于是开始启动与之合作。如涵的商业预知具有前瞻性,在短短一年内,就把张大奕的淘宝店经营成了网红店铺销量的首位。

2015年9月,如涵结束"莉贝琳"的运营工作,开始整体转型做电商网红的孵化。2015年10月,当资本介入网红经济时,如涵公司就获得赛富基金和君联资本的千万级B轮投资。

当然,如涵能够赢得资本的青睐,主要是如涵签约了不少具有商业潜力的网络红人。数据显示,在这些签约网红中,目前有近50个网红已经开店。不过,如涵公司并不满足于此,而是期望运营超过数百家的网红店铺。如今的如涵公司,经营的网红孵化品类产品,渐渐地从服装扩展到美妆、旅游领域。

公开资料显示,如涵电商创建于2012年。在经营过程中,主要以淘品牌——"莉贝琳"起家。由于经营得法,在短短一年时间内,如涵电商成功地将"莉贝琳"运作为淘宝集市的前十名。

从2014年开始,如涵电商开始逐步转型,主要业务是为网红意见领袖打造个人化品牌,这也是中国国内目前第一位规模化的红人电商。

在如涵电商的经营过程中,他们注重网红价值链的挖掘。为此,在2015年10月,如涵获得由君联资本领投,A轮投资方赛富亚洲跟投的数千万元的B轮融资。

赢得资本青睐的如涵,靠什么是什么资本呢?君联资本认为,他们选择投资如涵的原因,主要有如下三个:

①流量成本日益攀升,日益提升的费用使得网店寻找到突破点。

自2014年阿里巴巴在纽约证券交易所上市以来,线上电商的经营环境更加恶化，很多电商平台的流量成本日益攀升，不断提升的费用使得众多网店不得不寻找突破点。

如线下实体店，在定期调整地段位置的过程中，稀缺的黄金地段必然会提升其经营成本。对于商家来说，要想获取较为理想位置的门店，其成本必然会不断地上升。

这样的道理跟线上店铺一样。在流量成本不断地提高，流量分布不均匀的情况下，大部分网店由于没有较好的接口，其收入自然会受影响。而如涵则摆脱了流量的限制，这是资本方投资如涵的原因之一。

②内容产业需求旺盛。

随着移动互联网技术和高带宽的普及，这给内容产业的爆发提供了条件。一直以来，中国的内容产业需求都十分旺盛，但是原创内容的供给却远远不足。

一个主要的原因是，简单粗暴的盗版，使得内容创作缺乏动力和活力。随着中国政府打击盗版的力度越来越大，加上监管的日渐完善，内容产业自然而然地呈现爆发趋势，这一趋势由于经济下行的因素得以进一步扩大。

③网红和粉丝的社交壁垒降低。

社交平台的发展、移动端媒体的兴起，增加了社交平台与自媒体粉丝的交互性，使得社交更加碎片化、垂直化。在以需求为导向的自媒体内容中，这种趋势降低了网红与粉丝的社交壁垒。

（2）直播领域。

当下火爆的网络直播，由于拥有视频展现、实时互动的特点，越来越被网红视为吸引粉丝关注的黄金地。可以说，直播的出现，为网红孵化机构、网红经纪公司打造网红提供了广阔的空间和肥沃的土壤。当然，在秀场直播和游戏直播这两大细分领域，成百上千的热门主播，其背后几乎都是各类网红孵化机构、网红经纪公司在竞争。这些网红孵化机构、网红经纪公司多数是由直播平台上的"公会"演变而来，在商业化运作下，它们批量签约和培训主播，帮助主播提升礼物流水，为各大直播平台输送新鲜血液。

在直播平台上，公会，通常又称家族，是在秀场平台上开建频道的一个组织。一般地，主播要想在秀场上开建直播账号，就不得不挂靠在某个公会组织下。比如娱加，公开资料显示，娱加最早不过是YY平台上的一个新兴公会，但是娱加的商业化运作相对较早，它从一开始运作就十分注重商业化。

2013年，娱加收购了皇族旗下的频道和大部分主播，不仅如此，娱加还不惜重金力推旗下的艺人。

在宣传推广方面，娱加通过策划各种活动，不断地帮助网红吸引网民成为其粉丝，并关注旗下的网红。在经过多轮推广后，娱加在用户占有率和营收方面都取得了巨大突破。

其后，娱加不断地挖掘人才，甚至从线下的艺术院校、酒吧、传统娱乐业、电竞行业吸纳内容创作者，这为打造娱加优秀的主播团队打下坚实的基础。不仅如此，娱加还在多地建立线下工作室，定期培训主播。

经过一系列的调整战略，娱加的发展迎来黄金时期。2015年9月，娱加获得IDG资本千万元级的A轮融资，成为国内首家获得资本市场认可的在线秀场娱乐公会。

目前，娱加主要分为星探部、经纪部、拓展部三个部门。其中星探部主要负责挖掘艺人；经纪部负责艺人培训，线上成长扶持和线下包装推广；拓展部则会从线上和线下两个维度增加主播在平台虚拟礼物之外的商业收入。数据显示，截止到2015年底，与娱加合作的艺人有10000多人，真正签约的有300多人。

在当下的网红经纪公司操作中，其操作运作的模式主要分如下几步：

①寻找并签约现有为其所用的网红。

②组织专业团队维护网红的社交账号。网红经纪公司定期更新吸引粉丝注意的内容，这样做的目的，旨在保持与粉丝互动的黏性，助网红吸引粉丝点击相关店铺链接或者关注网红推广的广告产品。

③组织生产。网红经纪公司利用自身的供应链，为网红对接供应链渠道，将其在网上宣传的产品进行实体生产。

④提供相关电商店铺的运营管理。网红经纪公司通过在网上店铺销售网红宣传产品的方式将网红社交资产进行变现。

供应链生产商

在网红变现的过程中，各平台网红集中把新浪微博当作其变现的一个主要途径。由于变现的困难，各平台上的网红在获得一定数量粉丝后，逐步将活动中心转移到用户规模最大，且最适合变现的微博上。各网红将自己原先平台上的粉丝引流到微博上，同时吸引更多的粉丝，再通过广告或者电商营销对聚集在新浪微博上的粉丝资源进行变现。

毫不夸张地说，即使像张大奕这样的网红，其背后也必须有一条坚实可靠的供应链作为基础，否则不可能支撑快速变化的网红需求。

为此，阿里巴巴服装供应链专家袁炜在接受媒体采访时坦言："网红在前，工厂在后……"在袁炜看来，张大奕背后的网红电商公司如涵已经在数月前入驻平台，并与淘工厂共同孵化了几个品牌。

袁炜认为，"它（如涵）的供应链宽度不够，库存成本高"。因此，接入淘工厂的如涵电商，却得到了阿里巴巴1688平台上的淘工厂为其量身定制的供应链。

对于这样的变化，阿里巴巴创始人马云谈及OEM（代工生产）工厂时，就曾说道："在品牌商和他们的代工厂之间，以及品牌商和他们的既有顾客之间，旧的关系链路正在发生转移和变化。"

在马云看来，在网红供应链中，生产商是必不可少的。在以张大奕为代表的网红中，她们需要的则是一条能够满足小单且快速反应需求的柔性供应链。这与传统贴牌生产的OEM工厂相比，网红们的出现，正加剧了该行业的剧变。

在"互联网+"时代，互联网大大地缩短了传统产业的供应链链路，由于这样的变化承载了消费升级的巨大力量，这也使得曾经倚赖外贸代工等方式存活的代工厂有了意外崛起的机会。

2016年8月，在阿里巴巴1688品牌日上，淘工厂就成了一个被频频提及的异常重要的项目。在袁炜看来，不论是给网红按需定制，还是自身升级为自有品牌，未来的供应链必然是垂直精准。

既然如此，读者可能会问，网红到底热衷与什么样的代工厂合作呢？不管是社群经济，还是网红经济，其核心都是粉丝经济。在这样的背景下，网红必然规模化，因此诞生了以如涵、缇苏等为代表的红人孵化公司。

当然，互联网时代的一个特征就是个性化需求，这就使得碎片化的需求必须得到满足。传统服饰工厂由于倾向大单量的生产，面对网红孵化公司碎片化的生产需求，往往是看不上眼或者"无法满足"。

淘工厂运营专家朴实介绍说："红人的需求分好几种。"在朴实看来，由于店铺的受众群体不同，其匹配的工厂也各不尽相同。如由于粉丝店铺的客单价相对较高，这样的孵化公司自然热衷与相对国际品牌的代工工厂合作；如果受众群体是学生，则相对热衷与做快时尚或者文艺腔调的工厂合作。

公开资料显示，淘工厂处在品牌商和厂商两端之间，平台所做的是将入驻1688平台里的工厂的空档期分享出来，同市场上有需求的卖家进行对接匹配。①

为此，朴实坦言："我们不是简单的牵线搭桥。"朴实解释说，淘工厂根据店铺的受众群体特色和身份，将其分成不同维度，圈出工厂去做供应链托管。朴实举例说，比如外贸匹配小而美的工厂，或是高质量卖家匹配品质工厂。在朴实看来，此分类类似滴滴打车的派单模式，淘工厂根据卖家的区域、品类、价格带的需求，将其智能分配订单。其后，工厂往往会在5分钟

---

① 王晨露.张大奕们的"靠山"：详解网红背后的淘工厂[EB/OL].2017.http://tech.sina.com.cn/i/2016-08-10/doc-ifxutfpf1727712.shtml.

内做出响应，再根据权重排名进行推送。

  此模式的建立，主要是基于大环境的需求变化。由于在粉丝时代和内容时代，传统粗放的同质化竞争已经无法满足"互联网+"时代的用户需求。如在淘宝网上，其服饰类目相对较多。其商家，包括网红店主，由于自身满足了品质化、个性化需求，这让传统服装工厂觉察到了自身转型的战略机遇。朴实坦言："越是定制高品质的产品，工厂的利润越高。"

  但是，碎片化的生产需求带来的挑战，是单量小、周期快，这对于习惯大计划、大生产的传统工厂而言，其难度依然不小。基于此，淘工厂应需而生。朴实解释说道："淘工厂的目的就是把工厂产能档期搬上网，解决电商卖家有订单无工厂，传统企业有产能没订单这一矛盾症结，这也是淘工厂的初衷。"

第五章
再小的网红，也都有自己的经济

网红店为什么会成为网红经济的热点

在网红经济产业链中，一个非常醒目的板块就是网红店。这也是目前网红店为什么会成为引爆网红经济热点的一个风口的原因。当然，网红店的火爆，离不开当下的大势。

在这里，我们以服装行业为例，具体来阐述网红店为什么会成为网红经济的热点。众所周知，服装产业链的销售终端主要分为两个部分：第一，线下实体销售；第二，线上销售。

在线上销售模式中，又衍生出网红店铺这种新型的销售模式。网红营销模式的出现，有效地解决了服装产业目前供应链效率较低以及用户精准营销难的问题。

如果从供应链和零售两个方面来分析，我们已经可以看出这样的变化：第一，网红买手制的购物模式，已经极大地提升了服装产业供应链的效率；第二，网红的销售模式有望为品牌商打开吸引客流的新通道。

网红买手制的购物模式提升供应链效率

在传统服装产业链中，其通常由服装设计、组织生产以及服装销售等三部分组成。而前端的服装设计和组织生产环节一般归属于服装产业链的制造端。

网红参与的，几乎都是在第三部分——营销环节。众所周知，网红作为互联网社交平台的意见领袖，其号召力无疑是巨大的。在营销环节，服装行业通过网红买手制模式，采取精准营销模式，极大地提升了传统服装产业链的供销效率。

在目前，传统服装产业链中的多数环节，往往由服装企业自身完成。一般地,服装企业负责时尚潮流的市场跟踪以及产品款式的设计,并将产品生产外包。各服装企业品牌在利用广告打造品牌方面均比较成功,但由于在设计、供应链及终端营销管控各方面均难以专业化,而存在不同程度的缺失,在不利的外部因素冲击下容易陷入销售效率下降、渠道库存巨大、资金周转缓慢的困局。

面对如此困局,网红作为专业领域的意见领袖,可以利用自己在时尚领域的敏感度、品位以及其背后强大专业的设计团队,将符合潮流趋势且迎合自身粉丝偏好的产品推荐给消费者,这在降低消费者购物难度的同时,又提升了供应链效率,缓解了品牌商库存高、资金周转慢的问题。

网红销售模式给企业打开吸引客流新途径

在服装产业链的零售端,不同的终端载体,其运作模式迥然不同,比如线下实体店、B2C电商和网红店。

(1)线下实体店

在线下实体门店运作中(主要指直营,分销商模式则为分销商主导),服装企业必须全程运作,即店铺租赁、店员雇佣、各种产品推广以及店铺运营。服装企业由此会支付昂贵的费用——店铺租金、广告费用、人工成本和其他运营费用。

当然,线下实体店的存在有其自身的合理性。很多服装企业在初创时,由于企业在广告宣传方面从无到有的大量投入带来的客流量,低基数效应使得服装企业的店铺扩张以及单店销售取得高速增长。

随着服装企业规模扩张到一定边界时,由于特定消费群体的需求逐渐饱和或者单一品牌推广边际效用的下降,单纯的线下广告以及开店模式所获得的边际收入将大幅降低,这也使得租金、人员工资等一系列费用在总收入中的占比大幅提升。

不仅如此,加上中国近10年来房地产价格持续走高,带来的租金成本持续上升，更加激化了线下实体店的运营成本的问题。来自中国银河证券研究部的报告就很清晰地谈及了此问题，见表5-3。

表5-3　直营体系线下门店开店费用率（粗略估计）

租金	25%
推广费用	5%
人工成本	10%~15%
其他杂项开支	10%~15%
总计	50%~60%

资料来源：马莉，陈腾曦，林骥川.网红产业链深度解析，2016-03-21.

从这个数据可以看出，店铺租金已经占比25%，这样的成本足以影响线下实体店的扩展速度和进程。

（2）B2C电商

面对实体门店巨大的经营成本的时候，一些传统服装企业开始自我转型——寻找新的产品推广廉价渠道，旨在获取新的廉价客流。于是，一些服装企业开始在京东、淘宝、天猫等B2C电商网站上开设旗舰店。

当然，在B2C电商网站上开设旗舰店，不仅可以减少开设实体门店的诸多成本，而且还可以通过完善的物流系统把产品快速地送到用户手中。在B2C的初始阶段，阿里巴巴以吸引客流为战略重心，此刻淘宝、天猫的引流费用相对较低，加上中国互联网用户数量火箭般迅速发展，在这样的大背景下，传统服装企业纷纷入驻以淘宝、天猫为代表的电商平台，以其低廉的流量费用代替日渐高昂的店铺租金以及广告推广费用。

不过，当阿里巴巴平台流量变现较强后，淘宝、天猫等电商平台的流量费用也日渐高涨。根据阿里巴巴年报显示，仅仅在市场服务收入/平台GMV板块，其数据已从2012年的1.2%上升至2015年的2.4%，详见表5-4。

表5-4 市场服务收入/平台GMV数据

阿里巴巴	2012-03-31	2013-03-31	2014-03-31	2015-06-30	2015-09-30
市场服务收入/GMV	1.2%	1.6%	1.8%	2.3%	2.4%

资料来源：马莉，陈腾曦，林骥川. 网红产业链深度解析，2016-03-21.

在天猫平台上，传统服装企业的开店成本也在上升，天猫抽成、平台引流广告费用也同样与日俱增，传统服装企业广告费用率也逐步升高。来自中国银河证券研究所的报告数据显示，电商品牌韩都衣舍，其推广费用占总收入的比例已超过10%，而其众多子品牌的推广费用大多占总收入的20%～30%。见表5-5。

表5-5 天猫开店费用率（粗略估计）

天猫抽成	5%
仓储物流成本	10%
网页维护及服装拍摄制作费	5%
推广费用	15%~30%
人工等营运成本	10%~15%
总计	45%~65%

资料来源：马莉，陈腾曦，林骥川. 网红产业链深度解析，2016-03-21.

从表5-5的数据可以看出，当处于平台引流费用昂贵，且效率低下的背景下，传统服装企业不得不再次挖掘新的营销模式。

究其原因，随着越来越多的传统服装企业在电商平台开店，以及流量费用的日渐高昂，传统服装企业所支付的推广费用转化成实际消费的效率极其低下（比如平台类目繁多，置顶或搜索功能并不一定能使消费者进入品牌商网上店铺），目前传统B2C电商获得一个实际客户的成本已突破百元。因此，传统服装企业不得不挖掘新的吸引流量手段以代替依托中心平台的引流方式。

（3）网红店

在网红产业链中，一些品牌电商为了吸引流量，于是把网红作为一个新的推广渠道。众所周知，粉丝经济平民化的网红经济，其支撑的核心还是海量粉丝的商业购买潜力。因此，一些传统服装企业通过社交平台的海量流量以及精准营销，极大地提高了网红变现的转化率。

在网红经济中，粉丝关注的网红往往是自身专业领域的资深学者或者技能人才，因而粉丝对网红推荐的专业领域产品更加敏感，同时更容易接受（如游戏达人推荐的游戏硬件会更容易被游戏粉丝接受）。这无疑有效地提高了网民需求的转化率。

这样的变现模式激活了社交平台的活力。在社交平台接连不断的兴起中，逐渐增长的流量使得网红获得越来越多粉丝的关注，同时网红也能够影响粉丝的流行趋势。

这些无疑都形成了一个良性的循环，也为网红粉丝消费的高转化率打下了坚实的基础。在这样的背景下，传统服装企业开始以网红作为宣传代言人，代替原先的依赖中心平台广告的方式进行宣传。

来自中国银河证券研究部的报告数据显示，"根据我们粗略估计的费用可以得出，网红店铺的整体费用大体与线下门店以及目前的线上门店相当。但是，网红店铺对于供应链效率以及客流吸引效率的提升则更为明显。"

第六章

网红经济的核心卡位

　　毋庸质疑的是，网红经济必然成为中国互联网行业的下一个投资热点。网红经济的核心价值是网红的差异化。

　　可以说，网红是网红经济独一无二的个体。走一条其他网红从来没有尝试过的风格之路，才更具有标签化和品牌竞争力。如吴晓波，不仅作为网红，更是一个品牌，一个IP，因为吴晓波具有强大的内容生产能力，自然能够从诸多的网红中脱颖而出。在内容创业和短视频兴起的当下，具如此潜质的内容网红可谓是可遇不可求的优质标的。

　　可以肯定地说，吴晓波的走红离不开当下的移动互联网，因为内容的传播必须简单快捷，比如，吴晓波写的一篇名为"最后一个'看门狗'也走了"的文章，一经发表即刻引发网民的关注。

　　在"互联网+"时代，吴晓波从一个财经作家，转变成为商人，再成为估值超过亿元的网红，这本身就是一个个人标签化的网红案例。因此，吴晓波的爆红，是以差异化为基础的，即在网红经济时代，其核心目的就是以差异化为基础，在此基础之上把影响力变现。

网红papi酱，可以被复制吗

作为2016年最红网红的papi酱引爆了互联网。可能读者会问，在众多网红中，papi酱的吸粉能力再创新高，而这种模式可以被复制吗？其走红的路径可能被复制吗？

答案当然是肯定的。一般地，传统网红都有其自己的包装模式，其流程是，高颜值、有才艺、有话题，利用互联网进行重构，就可以实现批量化生产。

当然，复制papi酱这样的内容网红，是不可以采用类似策略的。在原创内容方面，缺乏的是创意，只要在其他领域挖掘，这样的模式是走得通的；如果仅仅是模仿和跟随，这肯定是不能跨越的。

当然，不论是罗辑思维，还是papi酱，这些"移动互联网土著明星"无一不是靠特长取胜，而这些特长是不能被总结概括的，更不能被复制模仿，需要特定天赋：papi酱能"吐槽"又能自编自导自演，罗振宇有多年媒体人经验、丰富的知识储备，任真天的声线特别、创意十足……他们的特色各不相同，复制门槛较高。因此，要想成功复制，就必须做好内容，否则就是东施效颦。

在网红4.0时代，传统依靠炒作话题的网红包装时代已经过去。如果网红们不能持续地形成一套机制，持续创造对粉丝有益的价值，防止审美疲劳，就可能迅速消退。爆款如何持续，这是网红面临的实际困境。目前网红群体迅速扩大，并走到了初具规模的网红经济时代。papi酱的标杆性广告拍卖之后，如果网红有新一轮成功的融资，将可能吸引市场寻找下一个具有影响力的网红。

复制papi酱品牌的网红逻辑

在网红经济中，比尔·盖茨不仅是微软创始人，同时也是一个不折不扣的网红。在每年，比尔·盖茨都会精读大约50本书，并在自己的博客Gates Notes写每一本的书评。

由于比尔·盖茨家喻户晓，其书评影响全世界。在图书界，具有超级影响力的不止比尔·盖茨，还有脱口秀主持人奥普拉·温佛瑞。

众所周知，奥普拉读书俱乐部是世界上较为知名的读书俱乐部，可谓影响整个图书界，奥普拉脱口秀的节目甚至对布什和奥巴马当选美国总统都起到过左辅右弼的作用，这足以说明其具有十分巨大的商业影响力。

2015年，时龄62岁的奥普拉，凭借32亿美元的身价进入福布斯全球亿万富豪榜，名列第569位，成为世界上名副其实的、最富有的黑人女性，被长江商学院营销学教授陈歆磊誉为"历史上最成功的网红"。

在长江商学院营销学教授陈歆磊看来，奥普拉的成功逆袭，主要是因为奥普拉成功地实现了自己品牌的复制。

陈歆磊教授解释说："所谓品牌复制，就是任何产品只要和你的名字挂钩，就完成了复制。一旦完成品牌复制，且复制成本非常低，可以迅速扩张。"

反观奥普拉的书友会就不难发现其成长轨迹。1996年，奥普拉推出"奥普拉书友会"，到2011年该节目结束时，这15年间，奥普拉一共推荐了74本书。

大量事实证明，经过奥普拉推荐的书，本本都成为全美的畅销书。数据显示，一旦被奥普拉图书俱乐部选中的书，其销量至少增加60万册。

正是基于这样的商业影响力，2005年，曾有150多名女性小说家为此联合签署了一份给奥普拉的请愿书，呼吁奥普拉关注当代文学。

由此可见，奥普拉对于大众的异常的影响力。当然，任何一个品牌的塑造都不是一帆风顺的。回顾奥普拉读书俱乐部的发展，在其成立一周年以后，奥普拉的品牌效应才逐渐在图书界显现。

一些图书策划人主动迎合奥普拉的喜好，一些出版社轮流地与奥普拉签订保密协议。甚至奥普拉在电视上宣布自己的选择前，任何人不得打开带有奥普拉印记的书箱，即使是作家，也都要签订保密宣誓书。

在那段燃情的读书月期间，所有图书上都会打上奥普拉图书俱乐部的标志——超大的黄色字符O加上白色的中心。

当读书月结束后，奥普拉的标志就不能再继续使用，甚至连广告中也不能提及奥普拉读书俱乐部。

就这样，奥普拉的故事一度成为哈佛大学商学院的案例，供创业者们研究和借鉴。不过，奥普拉创办奥普拉读书俱乐部只是创业的一个开始。

其后，奥普拉将其影响力复制到了杂志行业。2000年4月，奥普拉与赫斯特共同创办了一个名叫《O》（《奥普拉杂志》）的杂志。

与传统的杂志封面不同的是，在接下来的9年中，奥普拉将自己的照片放在每期杂志的封面上。不仅如此，奥普拉还列出自己喜爱的"O清单"。在这些清单中，包括私人厨师提供的食谱、私人教练的一些节食忠告，以及奥普拉做的名人访谈。

奥普拉的特立独行，遭到了评论家的冷嘲热讽和广泛批评。如奥普拉所期望的那样，一年内，《O》杂志的发行数量竟然达到250万册，年收入超过1.4亿美元。

在奥普拉的创业历程中，她始终把推荐产品作为自己的业务。从1999年开始，奥普拉每年在节目里花一个小时的时间分享"奥普拉最喜爱的东西"。

奥普拉这样的做法，就是一个较为典型的品牌复制案例。在奥普拉的节目中，奥普拉曾经亲自给每个制造商打电话，要求制造商送300件赠品，送给演播室的参与观众。

2004年，奥普拉向节目现场中的276名观众，每人都赠送了一辆价值2.8万美元的庞蒂克G6汽车，总计价值780万美元。

在每次的节目现场，奥普拉都会告诉观众制造商提供的赠品的零售价。

在这个商业模式下，奥普拉的广告效应十分明显，许多制造商大幅盈利，特别是节目播出后，消费者的需求被激发出来，订单自然接踵而至。

反观奥普拉的创业史，1986年，奥普拉创建了"Harpo娱乐集团"（Harpo是奥普拉名字Oprah字母的颠倒），奥普拉出任董事长，拥有90%的股份。

该公司定期制作奥普拉脱口秀节目，并将该节目出售给多家电视台。奥普拉脱口秀每周5期，一年260期，一做就是25年。

就这样，奥普拉就把自己打造成为一个生命周期很长的网红，持续红了1/4个世纪。除了品牌复制方面的成功，更重要的是，奥普拉的成功也可以复制。

在长江商学院营销学教授陈歆磊看来，"品牌意味着变现的能力。对于应运而生的网红们来说，如果仅仅把自己当成自媒体，这样的广告模式前途会黯淡许多。让自己成为不可复制的品牌，这样的成功才是真正的成功。"

网红"为谁红，红什么，谁来红，在哪红"

作为网红孵化机构，或者传统企业经营者，要想实现网红的商业价值最大化，就必须选择商业价值潜力巨大的网红来培养。当然，除了网红孵化机构或者传统企业经营者的大力培养，网红自身的努力也很重要。

学者陈菜根为此撰文指出，"如同优秀的创业家大都来自于车库，而不是孵化器一样，网红的打造也情同此理。市面上生命力极强的网红，首先是因为其本身就是一粒好种子，其后因为互联网雨露的滋润才破土而出，紧接着被智慧的花匠发现，通过培养和修整，才有了在花艺博览会上的一展风采。"

基于此常识，网红之所以能够爆红，必须先自我赋能，其后再借船出海，最后才登上网红的高地并把红旗升起。

其终极的路线就是"为谁红，红什么，谁来红，在哪红"，即"运营4P法则"——用户（person & need）、产品（product）、团队（partner）、平台（platform）。见图6-1。

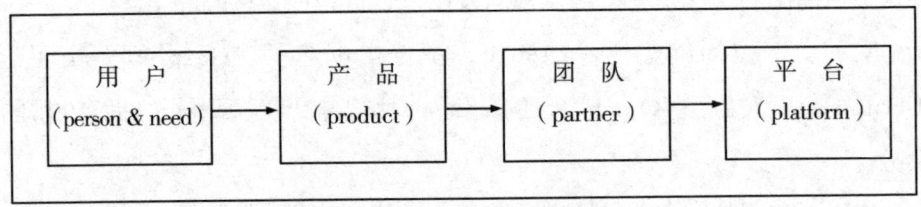

图6-1 "运营4P法则"

（1）用户（person & need）

网红的变现必须依靠用户。一般地，网红自己必须清楚，哪些用户是自己的主流消费群，哪些用户的需求还没有被充分满足，此类用户群最期待的产品需求是什么。

只有搞清楚用户的需求，才能为网红日后变现打下坚实的基础。因此，选准用户需求，是打造网红的原点。

（2）产品（product）

一般地，网红以用户需求为基础，再定位其价值观，然后把价值观内容化、内容产品化，在形式上可以表现为视频、文字、技能、活动或者IP。当产品真正地生产后，快速地进行试错迭代，直到超越用户的预期。

（3）团队（partner）

当下网红有个共同特点：拥有超人的才艺，唯一不懂的就是如何做生意。当然，一个网红要想从网灰期脱颖而出，并延长自己的网红期，就必须学会懂得与团队配合。

（4）平台（platform）

网红之所以红，是源于社交媒体平台，一旦缺乏这样的平台，草根爆红的难度自然会无限加大。因此，网红非常依赖当下灼热的互联网环境，尤其是新媒体平台。所以，要做好网红，必须围绕用户需求的实现路径，构建符合自身定位的矩阵平台，这其中尤其要重视与自媒体、社群和商城的平台联动。

正是基于此，网红诸多的行为并不是其个人行为，而是网红经济的具体表现。网红现象昭示了内容时代向人本时代的变迁，而且这种走势会愈演愈烈。

随着人性崛起，消费升级加速实现，用户对产品的功能性需求在暗地下沉，作为企业，需要对企业的文化、团队、产品和营销做人格化升级。因此，网红孵化机构，或者传统企业经营者，要想实现网红的商业价值最大化，就必须搞清楚网红粉丝核心的需求，见图6-2。

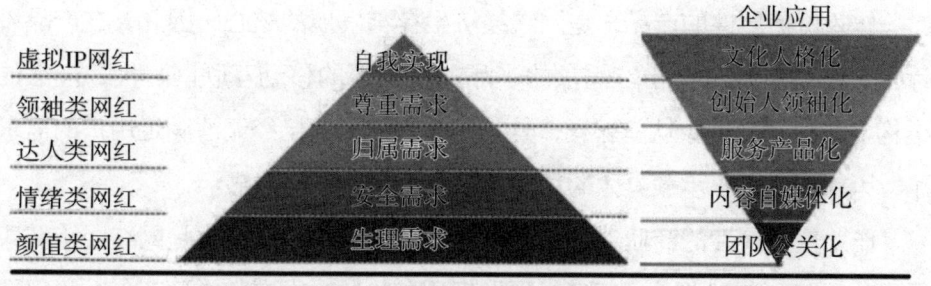

资料来源：陈菜根．一篇文章告诉你网红经济的真相，2016-04-18．

图6-2　网红需求与马斯洛理论

通过上图不难发现，"网红并不神秘，它随时随地驻扎在你的周遭，甚至你本身就是某个群体的网红，只是碍于网红意识的薄弱，你并未发现；或者由于现在处于'网灰期'，你的势能尚未触发用户内心的追随机制。但无妨，每颗向上生长的种子，都注定是未来世界的一朵奇葩，你只有摆正价值观导向、横下一条心，不断地向下扎根、汲取营养，终会破土而出，并迎来属于自己的网红时代。"

网红生产线与产品预售模式

要想挖掘网红经济的巨大商业潜力，就必须做好关键的三个部分——内容、产品、商业。

在这三个关键点中，作为媒体属性的内容，是网红连接粉丝的载体。因此，内容必须既要专业，又要能够赢得粉丝的认可。一般除了有痛点、槽点、热点，还必须注重深度（观点）、浓度（见识）、温度（故事），这样才能真正地占领用户们的心智。

作为价值属性的产品，是网红经济生存与发展的核心。因此，在产品设计上，必须寻找符合粉丝需求的产品。在当下的移动互联网时代，产品的结构与属性都不再像从前那样，其单纯的功能需求已经无法满足用户的需求了，因为产品不仅承载具体的功能，更承载了趣味与情感。

作为变现属性的商业，是实现网红流量变现的关键，也是网红经济健康循环的保障。这就要求运营者必须做好用户体验。即在整个环节上，不仅要求人性化，还更注重消费者体验，如底层基础设施须支持各种大众化的支付方式，同时还让用户参与产品的生产和设计。

可被复制的网红生产线

根据易观国际的报告显示，内容网红一方面通过轻松、接地气的方式大众化，同时也更加突出自己的个性，不断地细分。

在易观国际看来，要想延长网红的创作生命，就需要IP品牌化和公司化运作。为此，易观国际还列出一些内容网红来说明此观点。见表6-1。

表6-1 网红特征与品牌

网红名称	内容类型	公司/品牌	成立时间
papi酱	吐槽短视频	Papitube视频内容平台	2016
二更	原创视频	二更网络科技有限公司	2015
同道大叔	吐槽星座漫画	同道大叔文化传播有限公司	2014
日食记	美食短视频	上海罐头场文化传播有限公司	2014
罗辑思维	知识型音视频	北京思维造物信息科技有限公司	2014
王尼玛	暴走漫画	暴走漫画	2012
艾克里里	自黑短视频	上海借智文化创意有限公司（与飞博共创合资成立，网红持股70%）	2016
穆雅斓	搞笑短视频	厦门穆雅斓文化创意有限公司（与飞博共创合资成立，网红持股70%）	2016
苑子文	生活日常微博（鲜肉作家）	护肤品牌"源本初见"	2012
吴大伟	生活日常微博（鲜肉作家）	护肤品牌"朴而因子"	2013
爱啃梨的星际碎片	生活日常微博（鲜肉作家）	美妆品牌"科恩世家"	2013
Fishdo	穿搭图片及视频	设计品牌"Fishdo"	2015

资料来源：易观智库.2016中国网红产业专题研究报告，2016-09-02.

众所周知，在网红产业链中，其商业模式还是以人为核心。由于网红是要将个人的优势发挥出最大的价值，其活动包揽了选款、进货、更新、粉丝运营、销售，甚至客服等所有环节。尽管有些店铺已经实现了公司化运营，但是在实际操作中，其困难依然重重。

在对网红的调研中，几乎所有网红都不约而同地说道："太累了，根本管不过来。"正因为如此，一些颇具商业眼光的网店达人纷纷转型打造孵化器公司，将原有的网红个体店铺串联，进行整体经营。

这些网红打通上游设计生产、下游推广销售等各个渠道，甚至还能充当经纪公司的角色，从零开始培养网红，创造出一条"保姆+经纪人+供应链"的新型商业模式。

在这样的新模式的驱动下,一场由网红孵化器带来的行业变革油然而生,一场新的变革也轰轰烈烈地开始。对此,凭借对电商领域特有的敏感,几十家网红孵化公司在杭州率先创建,其中发展较快的电商,有如涵电商、缇苏电商等。

2015年底,某平台公布的"微电商年度十大时尚红人"中,张大奕、管阿姨、左娇娇、大金等网红上榜,这些红人均来自如涵电商。

如涵电商的前身,是淘宝销售额排名前十的女装店"莉贝琳"。由于不愿意参与淘宝平台的各类导流活动,"莉贝琳"的销售业绩在2014年初开始增速放缓。在这样的背景下,网红张大奕提出想经营自己的服饰品牌,于是双方一拍即合。2014年7月,"莉贝琳"与张大奕正式开始合作。

此后,凭借多年女装网店的运营经验,"莉贝琳"只用了短短一年时间,就把张大奕推向了网红店铺销售第一的宝座。

2015年9月,"莉贝琳"团队结束了自身店铺的运营工作,开始转型如涵电商,专心经营网红孵化器。

在网红孵化公司中,缇苏电商也是一个知名的网红孵化公司。目前,缇苏电商拥有VC阮等知名网红。同样是知名网店"榴莲家"出身的它,手中握有100多家服装厂的生产资源,其中一家还是他们的合股产业。

在转型孵化器后,缇苏电商公司加强了各供应链上的人员配置,光负责样衣打版、采购、质检的员工就有100多人;此外还有300多人的运营团队,其中包括客服、仓库发货等。

不仅如此,缇苏电商拥有自家的工厂和工人,这意味着大大缩短了生产时间并提高了供应链的可控性,在降低风险的同时也在一定程度上节约了成本。

当然,不仅仅是如涵电商、缇苏电商,另外一些有能力的网红店铺,也逐步开始走向网红孵化模式,如雪梨和好友在2015年也成立了自己的品牌工作室——"钱夫人"。

目前,除雪梨自己外,"钱夫人"公司还签约了4名网红,仅2015年

"双十一"当日,5家店铺的总销售额就超过了3000万元。如网红"南表妹",就是雪梨公司旗下的签约网红。

在一些行业人士看来,签约网红如同签约艺人一样。陈晨是一家杭州网红孵化公司的拓展人员,在陈晨随身携带的笔记本电脑里,记录着上千个网红的档案,这些网红被陈晨用不同颜色的标签分类标注。

据陈晨统计,在这1000人中,500人有店、100人有销售能力、80人已经签约。陈晨的工作就是每天约见这些网红,并想尽一切办法和网红签约。

在谈到网红和公司的签约模式时,陈晨介绍道:"模式和艺人签经纪公司差不多,时间基本在5~10年左右。"其流程见图6-3。

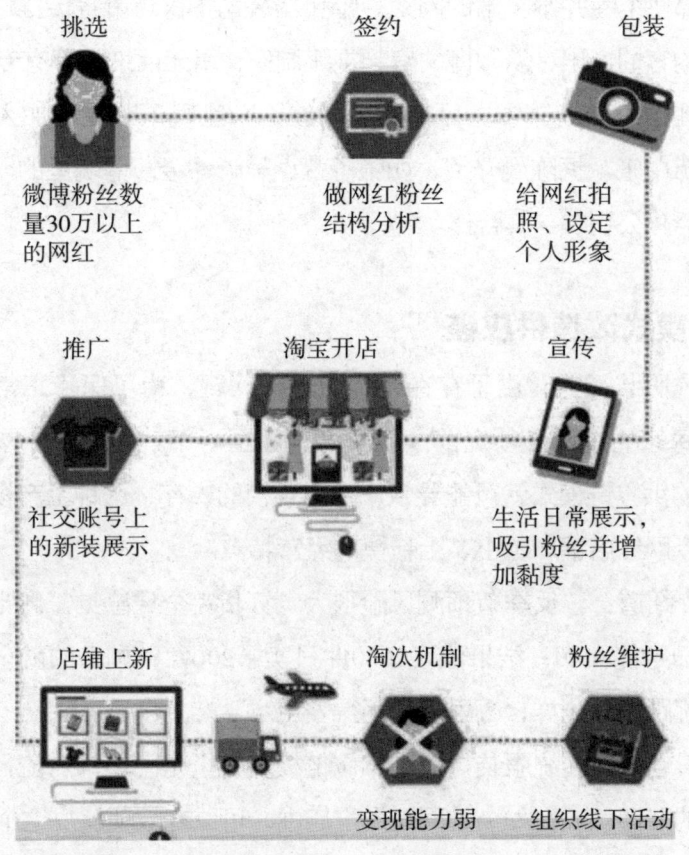

资料来源:子时,马晓溪. 摸底网红背后庞大的赚钱链条,2016-02-23.

图6-3 网红生产线示意图

网红思思，是陈晨所在公司新签的网红。此前，思思和好友共同经营一家女装店，但由于缺乏专业知识和完整的供应链，就曾经经历过惨痛的压货。

思思介绍说："有一次，我们做一批裙子，当时找的工厂不太靠谱，在生产过程中全部做小了一个尺码，XS尺码根本卖不出去。后来我们又赶紧补定了一批L码，等拿到货，却已经错过了最佳销售时期，结果两个尺码都压在了手里，赔了好几万块钱。"

在网红淘宝店中，思思的案例并非个案，因此对于网红而言，签约公司可以解决很多后顾之忧，"我们现在只要负责美美地营造自己就好，专业的事情可以交由公司打理，他们开会列的那些商业曲线，我们很多都看不明白"。

对于那些个性并不突出的网红，孵化器公司不仅负责宣传推广，甚至还负责提供内容的产出，从微博文案到视频制作，事无巨细，都有专人打理。

在网红这条产业链中，目前除了网红，一些娱乐明星也加入到被"孵化"的队伍中来。据陈晨介绍，如张子萱、吴昕、金莎等明星的网店，背后都有专业孵化公司在与其合作。

预售模式改造供应链

在传统服装行业，由于存在销售时差等问题，为了保障正常的供货周期，几乎每家店铺都必须提前一个季度，甚至半年就确定下一季的更新款式。这样的供应链模式就可能导致产生大规模的库存，这种生产模式显然并不适应如今网红店铺产量小、上新快的经营特点。

陈晨介绍道："反季节预测风险很大，订货完全凭感觉。你觉得这个款式好看、一定能大卖，结果做了1000件只卖了200件，剩下的就全都压在手里。每年都跟猜谜一样，心里永远不得安生。"

在陈晨看来，传统服装行业的供应链模式完全是一场针对流行趋势和消费者喜好的赌博。而在如今的网红淘宝店中，可以有效地解决这个问题。

究其原因，那些拥有强大供应链的孵化公司与网红店铺采用了新型销售模式——网红在前端利用自身人气维持与粉丝的高频互动，激发粉丝的消费需求；与此同时，孵化器公司则根据网红的引导，在后端迅速反应，为网红提供生产、销售、客服等一条龙服务。

其通常做法是，先将选好的款式交给工厂打版做样衣；其后，网红作为模特，将其拍照，发布到社交平台上，提前投放到微博测试新品人气；然后，再根据粉丝的反馈，最终确定首批订单的数量，并迅速投入生产。

为此，有些网红店铺，甚至还直接开启了预售页面，粉丝可以根据自己的喜好，在网红店提前下单预订。当然，网红店铺会在预售限期内根据实际下单数量统一生产。

在预售过程中，一些网红店铺，由于其运营经验非常丰富，甚至还可以根据前三天的订单数，直接估算出总生产量。在这样的背景下，一切业务皆由数据来驱动，以此倒逼供应链的改造。此供应链的周期已被大大缩短，目前有些网红店铺的服装生产周期，已经能被控制在一周左右。

当然，此举尽管缓解了库存积压等问题，但是也给粉丝的用户体验带来一些不足。由于物流周期被拉长，以往现货3天收到的情况变成了要等10~15天，不少粉丝因为网红店铺发货慢，而申请了退货，甚至还给网红店铺差评，见图6-4。

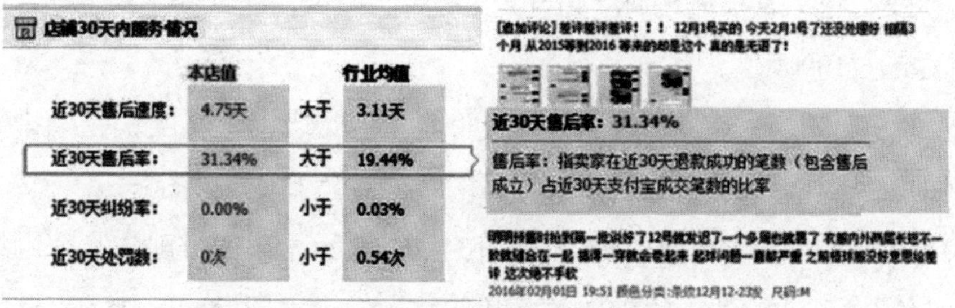

资料来源：子时，马晓溪. 摸底网红背后庞大的赚钱链条，2016-02-23.

图6-4　某网红店铺的售后服务截图

由于网红店铺预售模式拉长了物流周期，粉丝退单率明显高于普通店铺。据业内人士透露，预售型网红店铺的退单率远高于其他正常网店，有的甚至达到30%以上。

比网红身份更加耀眼的是其销售额

不可否认的是，网红之所以被媒体和研究者们所关注，是因为其比网红身份更加耀眼的销售额。

当网红雪梨与万达创始人王健林之子王思聪的恋情被媒体披露后，这个年轻、美丽的女孩，注定不再那么低调，也不可能再默默地当着其女装网店的老板娘。与前首富之子的恋情必然会引起媒体和网民的广泛关注。

作为网红，雪梨可谓纵横电商领域，且早已是一个大佬级人物。雪梨的淘宝店铺——"钱夫人"自2011年底开店以来，累计成交的好评已高达130多万条（网店实际销售量大于好评量，淘宝规定买家一个月最多给5件货品好评），若按照店内商品平均单价240元估算，其总销售额远超过3亿元。仅仅半年的时间，其店铺成交好评就有近46万条，销售额轻松过亿元。

在淘宝店铺中，像雪梨这样的女店主还有很多，销售额排在雪梨前面的就有张大奕、赵大喜、张超林（LIN），等等。如今，这个群体的总数，据统计已经超过1000家。

在2015年淘宝平台公布的女装C店（非天猫类店铺）年度销售额排行TOP10中，来自网红的店铺就有5家，可谓席卷半壁江山，见图6-5。

2015年11月11日后，根据媒体报道的数据显示，排名靠前的几家网红店铺，尽管没有任何会场资源以及流量倾斜，但由于自身的影响力，"双十一"的单日销售额均突破了2000万元，排名第一的张大奕，其销售额更是高达6000万元。就算是在平时，网红也可以达到单日500万元至1000万元的惊人销售额。

这样的销售业绩是实体店铺可望而不可及的，尽管知名实体服装品牌商铺也打折，甚至花大钱请一线明星代言，但却依然难掩消费颓势的景况。与

排名	店铺名称	网红店主
1	戎美	
2	吾欢喜的衣橱	张大奕
3	毛菇小象	
4	CC Studios 家皮草	CC
5	大喜自制独立复古女装	
6	小虫米子	赵大喜
7	于momo潮流女装	于梦姣
8	dimplehsu	
9	LIN EDITION LIMIT	张超林
10	MIUCO	

图6-5 2015年女装C店销售top10中，有5家网红店铺

知名实体服装品牌商铺形成了鲜明对比的是，网红经济正呈现出巨大的商业价值。

网红激活并带动了一整条服装产业链

对于中国网红来说，2015年具有里程碑式的意义。2015年12月，知名杂志《咬文嚼字》发布"2015年年度十大流行语"，"网红"上榜，排在第九位。

网红的上榜，其流行程度足以说明"网红"被赋予了全新意义——它不再专属于那些在互联网上卖弄文字的段子手，或是单纯基于审美或审丑视角捧出的草根红人。

在网红4.0时代，其最新语境是指，那些通过在社交网络上展示自我穿衣风格，其后吸引粉丝，同时刺激粉丝消费变现的淘宝女装店主。

一般地，研究者、媒体在探究网红时，自然而然地会加上一个突显价值的后缀——经济，腾讯娱乐还把网红誉为最风光的"全球范围内独一无二的新经济物种"。因此，在这样的总体趋势下，媒体一致地把2015年作为网红元年。

在这样的商业背后，那些大眼睛、锥子脸、皮肤被滤镜（一种PS手段）过度美白的姑娘们，顺理成章地成了中国当下的励志新偶像。

例如，南表妹、石弯弯、徐苗、雪梨、张大奕，等等。在媒体头条，网红与富二代、明星藕断丝连的恋情；在媒体头条，网红出手阔绰，总是名牌加身，二十几岁就已周游世界；在媒体头条，网红随手上传的生活照总是被粉丝热议，其穿衣的风格甚至成为爆款的指标……

在媒体渲染的推动后，网红存在的同时，还激活并带动了一整条服装产业链。这样的作用可能是网红自己也没有想到的。

根据CBNData发布的《2016年中国电商红人大数据报告》显示，由于电商红人具备自身的产业闭环特征，其表现为，在互动平台如新浪微博、优酷土豆等，与电商平台如淘宝网结合起来，这就形成一条完整的产业闭环链条，见图6-6。

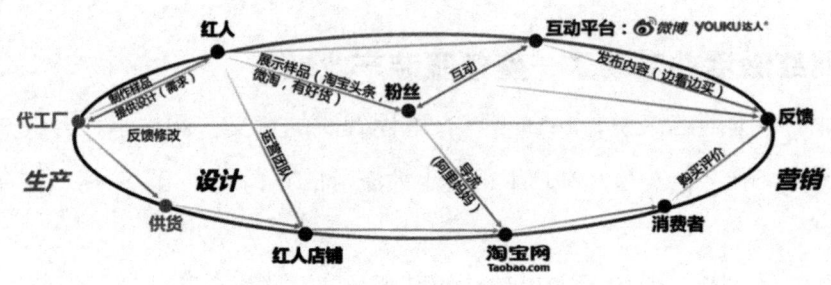

资料来源：CBNData.《2016年中国电商红人大数据报告》，2016-05-24.

图6-6 女装红人电商产业生态闭环整体图

在这里，女装红人的生态与传统快时尚企业没有明显的区别，都是由设计、营销、生产三个环节组成，但是，女装网红店铺所不同的是，红人通过互动平台，聚集海量的粉丝，然后将粉丝转化为消费核心群体，通过与粉丝的互动，直接让粉丝买单。

此外，女装红人电商店铺更具有如下的自身优势——①店铺流量大；②获取流量的成本相对较低，几乎为零；③消费者忠诚度相对较高；④通过预售模式，库存较低；⑤选款能力较强，周期相对较短。见图6-7。

大量事实证明，女装红人电商店铺的特征非常明显，主要有三个：

资料来源：CBNData.《2016年中国电商红人大数据报告》，2016-05-24.

图 6-7　女装红人电商店铺比传统女装店铺的对比图

（1）高粉丝黏性

女装红人电商店铺，通常拥有大量具较高忠诚度的粉丝和老顾客。在Top女装红人电商店铺中，复购率非常高，甚至远高于女装行业的平均水平。在健康或者与自身有关的类目中，消费者更偏向于在自己信任的红人店铺购买，所以母婴和运动产品的复购率最高，见图6-8。

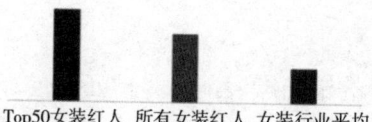
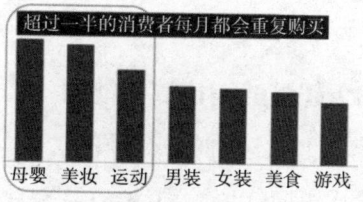

资料来源：CBNData.《2016年中国电商红人大数据报告》，2016-05-24.

图 6-8　女装红人电商店铺的复购率

（2）高转化率

电商女装红人店铺的浏览成交比率，明显要高于整体女装类目。这跟平常的购物差不多，消费者通常会浏览更多的产品，才会在电商女装红人店铺购买。

当然，在购买之前，很多粉丝会浏览商品页面的评价，而由于红人本身的属性，决定了其店铺的高浏览量，其转化率自然也就高。见图6-9。

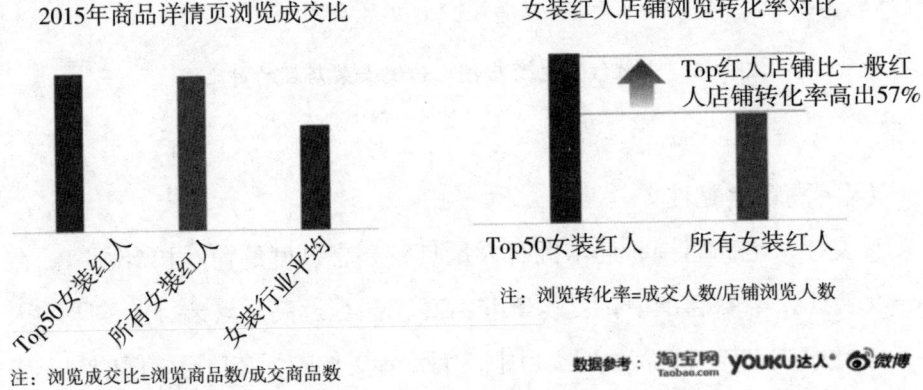

资料来源：CBNData.《2016年中国电商红人大数据报告》，2016-05-24.

图6-9 电商女装红人店铺的高转化率

（3）超强的销售爆发能力

通常，红人店铺的成交规模，与其自身的销售爆发能力是成正比的，在店铺活动的短时间内，销售业绩增长幅度越大的店铺，往往其粉丝的影响力都较大，规模也非常大。

由于红人店铺独特的预售和上新模式，这就决定了红人店铺销售额的不稳定性，当因上新等活动而大幅度业绩增长时，店铺的爆发率往往也就越强，见图6-10。

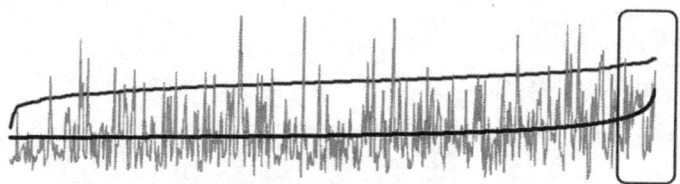

注：日均销售额波动在日均销售额中的占比（日销售波动性指标）越高，意味着粉丝对店铺活动的响应程度越高，红人对粉丝号召力越强。

资料来源：CBNData.《2016年中国电商红人大数据报告》，2016-05-24.

图6-10　2015年红人店铺年销售额与日销售额波动图

颜值驱动下的粉丝经济

"一切成就看似信手拈来，无非是仰仗漂亮脸蛋、婀娜身材，仿佛因为美丽就能得到一整个世界。"一位学者评价网红时这样说道。

在该学者看来，中国网红经济，其实质还是颜值驱动下的粉丝经济。不过，身处网络经济前沿的网红深知，颜值尽管是第一生产力，但是只有拥有海量粉丝，才是将生产力直接变现的核心。

在中国网红中，南表妹有着一副标准的网红长相——大眼睛、锥子脸、白皙皮肤、栗色长发，见图6-11。

在微博上，南表妹拥有近70万粉丝。南表妹的出道相对较早，在上高中时，她被一家影楼的摄影师相中，成了职业平面模特。

如今的南表妹，岁数依然较小，她没有按照常规选择考大学的路径，而是专职

资料来源：南表妹.南表妹新浪微博，2017-04-05.

图6-11　网红南表妹

153

开起了淘宝店。在南表妹看来，自己开淘宝店不用像普通上班族那样朝九晚五地打卡上班，时间上比较自由。

尽管如此，但是南表妹却异常忙碌，从早晨一睁眼，到晚上睡觉前，南表妹几乎把所有的时间都花在了工作上，特别是每次店里上新货，都是南表妹最忙碌的时刻。

南表妹在接受媒体采访时坦言："拍照、修图都是累人的活。"在南表妹看来，"那种'不经意间'流露出来的自然POSE，至少要花半天时间才能拍出来。"

南表妹的各种照片都是经过精心挑选的，其观点得到了网红徐苗的认可。徐苗介绍说，在开店之初，她为此也煞费苦心。见图6-12。

资料来源：徐苗.徐苗新浪微博，2017-04-05.

图6-12 网红徐苗

徐苗说:"我一个人拖两个箱子,约摄影师在南锣鼓巷拍外景。北京的冬天特别冷,换衣服也很麻烦,那会儿还没有车,只能在胡同里的厕所里换。一天下来就拍三五套,效率特别低。"

不管是南表妹,还是徐苗,都非常注重照片质量。究其原因是,网红发布的照片在网店销售环节中起到非常重要,甚至是至关重要的作用,衣服销量的业绩完全取决于图片呈现的效果。

南表妹坦言:"别看每次上新时,一件衣服只配了十几张照片,可它们都是从上千张中精心挑选出来的。脸要一点一点地'磨',不能图省事一键美颜,这样衣服也会糊掉。"

为了方便修图,南表妹的手机上就安装有四五种修图软件,每次上新都要熬几个通宵。南表妹之所以亲力亲为,是因为"别人修的图我不放心,还是自己修得顺眼"。

这就是产生"买家秀和卖家秀"区别的原因。对于网红来说,照片传递的不仅仅是一件衣服,更是穿这件衣服时应有的生活品位。

为此,有些网红不惜花费重金到国外拍摄,或在精致的法式餐厅用餐,或在巴厘岛沙滩上追逐海浪。目的都是为了替每一个普通女孩完成心中的期望的梦想。

在网红们看来,"要美、要特别美、要完美"。这就是网红追求的最高目标。在网红圈流行着这样一条"潜规则":如果微博上要发五个人的合影,第一个人修完图要传给第二个人修,第二个人再传给第三个,传完一轮后才能发布。

在网红圈,就发生过两个网红因为照片闹翻的事情。原因是其中一人发合影时没为对方修图,为此,"她很担心这张合影被粉丝看到会'见光死';或者被品牌公关看到,影响自己的人气"。

优质原创内容为王

大量事实证明，导致网红盛行的一个直接原因，就是品牌企业缺乏创新的内容营销，通常是发布简单粗暴的广告——文字、视频。在互联网世界，网民往往不愿意看到广告，于是拦截广告的趋势便摆在社交媒体平台面前。

新颖的内容是广大网民非常期望看到的。在这样的背景下，很多网民会安装拦截广告功能的插件。事实上，几乎所有的移动设备都带有屏蔽广告的功能，这也在技术上限制了广告者的推广和宣传。

极致内容关乎网红成败

如今正当红的网红papi酱，可谓是书写了众多神话。然而，当老网民想起曾经的、火爆一时的dodolook时，发现两者似乎有着惊人的相似之处。可以肯定地说，网红4.0时代的papi酱，几乎复制了当年的网红1.0时代的前辈dodolook的成名路径。

papi酱能够幸运地成为"2016年第一网红"，最应该感谢的还是其先辈dodolook，因为其至少是给papi酱提供了一个可以参考和借鉴的样本。dodolook和papi酱一样幸运的是，她们赶上了互联网时代。

当然，papi酱更幸运的是，自己在网红经济爆发的前夕，幸运地成为网红经济最终爆发的导火索，不仅名利双收，而且还成为网红经济的标杆性人物。

曾经在网红1.0时代造成现象级的dodolook，在网红大潮重新爆发后，也开始借助美拍平台，重新回归大众视线，甚至依靠其话题扩散能力，重新回流了人气，成为网红4.0时代的新网红。两人之间的角色变迁，真可谓时也，命也。

我们暂且抛开宿命的观点，反观papi酱的成名路线，其背后依然经历了较为漫长的一段内容积累时期。

在早期阶段，papi酱所发的微博，多为段子和gif图片，直到2015年7月，才开始陆续发短视频。其中，这些视频都是一些相对常见的无厘头恶搞视频。

在此过程中，papi酱的风格不断地迭代，同时自始至终地与粉丝保持互动。为了吸引粉丝关注，从2015年10月开始，papi酱开始通过利用变音器，以另外一种风格来发布自己的原创短视频内容。

如papi酱预期的那样，从此，papi酱在各大内容平台的人气一路高涨。在短短两个月的时间内，竟然迅速地积累了数百万粉丝。

此举为papi酱最终引爆互联网，成为现象级网红打下坚实的基础。毫无疑问的是，如果缺乏前期积累，几乎可以断定papi酱不可能形成自身的火爆风格，更不可能说最终爆红。

在这里，我们再来分析一下网红dodolook。dodolook，作为网红1.0时代的网红，可谓是曾经风靡互联网的美少女，从销声匿迹再到自己重新建立起超强的人气，这些更是建立在经历了大量原创内容积累的基础之上的。

在网红经济一触即发的爆红时期，作为网红的dodolook，非常敏锐地觉察到这一趋势的来临。从2015年开始，dodolook坚持在美拍上每日上传60秒的日常视频，几乎从未间断过。

正因为如此，功夫不负有心人。如今的dodolook，其美拍视频的播放次数已经过亿次，甚至有个视频播放达到了2.9亿次，其中3万人参与了dodolook所发起的这个视频话题。

如此火爆的视频，一度让dodolook的短视频内容成为引领创新的一种新走向。正是如此多的视频，为dodolook重新凝聚超强影响力打下了坚实的基础。

如今的dodolook，不仅开始拍摄电影、电视剧、MV，还代言广告，并出版书籍《I'm dodolook》。dodolook的成功转型，同样还是因为内容至上，不论是人气，还是市场前景，与曾经的网红1.0相比，dodolook都有了更大的提高。正是其对优质内容的坚持不懈的积累，才让网红dodolook有机会依靠平台重新崛起。

大量事实证明，网红的长期积累，其本质上是网红自身的、源源不断的、正面的价值观建设和输出。例如网红4.0时代的papi酱，其输出的原创内容，极具个人特色，传递出papi酱自身的价值观。再次崛起的网红dodolook同样如此。那么在曾经火爆的、最早一批网红中，为什么只有dodolook能够崛起，而芙蓉姐姐和凤姐却不得不面临自身的跨界转型？答案其实非常简单，dodolook凭借内容积累重新崛起，可谓是生产内容，输出了dodolook自己的价值观；而芙蓉姐姐和凤姐，不管是在当时，还是在如今，依然只有单纯的吸睛模式，并无固定的价值观输出，所以只能面临转型。

优质的内容意味优质营销

优质的营销，本身就是在讲一个幽婉的故事，特别是介绍体验，比介绍产品本身的功能描述，更能激起网民的兴趣。

对于年轻的网民而言，视觉内容广告比一大段文字内容广告更有说服力，干瘪的功能性宣传非常乏味。因此，中国网民时常呼唤清新的文字内容。20世纪90年代，痞子蔡个性的文字，曾如一阵清爽的风一般风靡全中国。

即使在当下，网民也普遍对有新意的文字内容更为着迷。在中国内容网红中，吴晓波频道、六神磊磊、顾爷、财富书坊……此类内容网红大多以文字呈现为主，这种内容不同于传统的纸媒，其风格以鸡汤、八卦和段子等为主，赢得了无数的网民关注。

在视频内容网红方面，同样如此，网民厌恶视频网红千篇一律的内容，一旦有新颖的视频内容，网民就会接踵而来，如papi酱的视频内容，其火爆就在情理之中。

如前介绍，从Instagram和YouTube两个网站的网红中的例子我们就可以看出，知名企业在美国内容网红的商业价值挖掘上，已给中国企业树立了标杆。美国网红的视觉营销模式，不仅覆盖了时尚、美食、旅游等多类行业，同时还坚守原创内容至上的原则。

当然，不管是中国网红，还是海外网红，必须变现才能实现其商业价值。如美国的不少时尚网红，其已经将流量转化为个人品牌，成功地实现价值变现。

在时尚网站——fashionista上，该网站根据博客网站的流量、社交网站的粉丝数量、个人品牌影响力、新闻头条数量等指标评选出一份榜单。

这份榜单显示，在全世界最炙手可热、最能赚钱的20位网红中，竟然有7位已经拥有自己的服装品牌。如在Instagram网站上拥有560万粉丝的意大利网红Chiara Ferragni。

公开资料介绍，年仅28岁的Chiara Ferragni就已经完成了自己从网红到总裁的成功转型。2013年，Chiara Ferragni推出了自己的鞋履系列——Chiara Ferragni Collection，其后在全球300家零售店销售，仅仅在2015年，其产品给Chiara Ferragni带来了超过1000万美元的商业收益。

当然，网红除了打造自己的个人品牌外，还常常在自己的文字、图片、视频等内容中，推送植入的广告。作为网红的Danielle Bernstein，尽管才二十出头，却在Instagram上拥有140万粉丝。

Danielle Bernstein的内容较为新颖，Bazaar因此而专访Danielle Bernstein。这为Danielle Bernstein打造全球知名度带来了机遇。

据Danielle Bernstein介绍，在Danielle Bernstein拥有100万粉丝时，就可以从一个Instagram的推送内容中获得高达6位数的收入。

在Danielle Bernstein的内容发布中，其图片主要以时尚为主，还有Danielle Bernstein最喜欢的最新配饰和产品。

在海外网红变现中，与中国网红相同的是，Instagram上同样拥有一套网红经济中较为隐秘的地下交易。某个网红一旦拥有几十万粉丝，该网红就可以得到每帖500～5000美元的收入。如果某个网红的粉丝数量达到600万，该网红就可以得到每帖2万到10万美元的收入。当然，规模越大，其收费差距也就越大。

在美国网红的收入来源中，第三个就是商业链接。这样的广告相对简单，网红们的链接都是由品牌企业发布的，一旦用户点击某个链接，一个cookie程序就会被安装到用户的电脑上。

一旦该用户在此品牌网站购买某款商品，品牌企业就会支付给网红4%～8%的佣金。这对于那些拥有几十万，甚至上百万粉丝的网红而言，这样的商业收入变现会出奇的多。

在网红的推广宣传上，不论是物物交换，还是内容推送，海外网红特别是美国网红，她们与品牌企业之间的关系，已经超越传统营销方面的产品代言关系。尽管品牌企业通常会提出较为苛刻的服务条款，但品牌企业与网红的诉求是一致的——品牌企业旨在突出品牌是网民生活方式的一部分，而不是为了广告而广告。这与中国企业不同的是，中国品牌企业在找网红代言时，植入广告的痕迹较为明显。

当然，中国网红除了广告植入变现外，其流量变现的方式大致有两种：

第一，网红电商化，如罗辑思维。客观地讲，在中国电商非常成熟，这为网红电商化增加了难度。此外，对于自媒体网红而言，销售的商品越多，其自身的商业属性越强，其可信度也就越差。在这样的运作下，自然殃及粉丝的影响力。

第二，开展线下培训。所谓开展线下培训，就是开展"互联网+传统培训业"。这是目前变现最快的方式之一。

根据网红吴晓波介绍，吴晓波发布的视频节目，每期的点击量大概为80万，与爱奇艺进行流量分成。

2014年，在吴晓波频道中，其收入的一半来自广告，另一半就是来自线下培训。据吴晓波介绍，从2015年开始，吴晓波频道的头条就不再销售广告，且还会压缩广告收入的比例。在吴晓波看来，要想成为一个优质内容的聚合平台，必须将讲师和听众联系起来，取代传统的培训业。吴晓波甚至直言，"一个产品一年可以做一个亿"。

在线下培训中，微创新学院的创始人金错刀也旗开得胜。

公开资料显示，金错刀，原名丁鹏飞。早在2013年，金错刀从百度爱乐活离职，开始自己创业。在创业中，金错刀一天的讲课费收入为20万元，其一年的营业额超过1000万元。

金错刀创造的培训模式，号称要颠覆传统商学院。据金错刀介绍，他曾在深圳举办过千人大课，9个小时的一堂课，打赏总金额超过117万元，其中最高的110888.88元，最低的1元。

金错刀的牛刀小试，迎来了其同行者——前淘宝搜索负责人鬼脚七，原名文德。早在2013年，文德创建了自己的微信公众号，覆盖80万电商人群。

2014年，文德举办线下培训，每次培训的利润大约为100万元。如果有人让文德在朋友圈帮发一条推广消息，其收费标准是1万元。

尽管这个价格有点贵，不过，在文德看来一点也不贵，物超所值，因为文德同时注册了20多个微信号，好友数量近10万。一旦价格谈妥，文德的推广内容将会全部覆盖这些渠道。

网红经济的基础是原创内容

20世纪60年代，美国时尚大师安迪·沃霍尔在一次公开演说中提到，"未来，每个人都有机会成名15分钟"。

安迪·沃霍尔在当时还不知道当下的互联网，是基于当时的传统媒体而言的。不过，在当下的"互联网+"时代，早已不止15分钟了，有时甚至是数年。

许多业内人士坦言："一个网红的火爆时长，往往不能持续15分钟。"这就是罗振宇急于投资变现的一个重要原因。在"papi酱广告资源招标沟通会"上，罗振宇就认为网红火爆时长一般不能超过15分钟，甚至直言不讳地说道："所以我们要一次性地把未来收割掉，落袋为安。"

究其原因，当粉丝初期的新鲜感消失后，很多网红由于缺乏可持续的原创内容，无奈只能面对粉丝的流失，能够长盛不衰的网红往往寥寥无几。

不过，很多传统企业经营者对网红的前景还是非常看好，由于网红自身具有极强的品牌传播杠杆和营销价值，在变现多元化的前提下，网红无疑可以找到更多、更稳固的商业模式，转瞬即逝就不会发生。

在这里，让我们分享一个国外网红是如何拓展网红经济的真实案例，给中国传统企业提供借鉴。

从2004年开始，本尼·费恩与拉法·费恩一起制作视频，并将其上传到视频网站上。截至2016年2月，其频道已经拥有1400万订阅量以及累计38亿次的视频点击量。

2016年，费恩兄弟由于版权言论，引发了广大粉丝的批评，其订阅量大幅度下跌。这样的剧烈下跌，让本尼·费恩与拉法·费恩兄弟切实地感受到了粉丝经济的不稳固。

由于本尼·费恩与拉法·费恩兄弟以往的影响力，其"江湖地位"并没有因此而受到太多影响。本尼·费恩与拉法·费恩兄弟拥有自己的创业公司——F.B娱乐。该公司除了制作各种数码类节目、电视节目外，还独立拍摄电影。在美国商业杂志《福布斯》（Forbes）排出的最赚钱视频网红中，有相当大比例的都是如本尼·费恩与拉法·费恩兄弟一样，是成立公司、自创品牌的网红。

这样的商业模式，无疑给中国网红们未来的发展提供了些许的启发和借鉴。为了拥有持续的掘金力，中国网红正在努力地延伸网红产业的各链条环节，其中包括泛网红内容创业、经济服务链条、衍生全链条、平台服务链条、资本整合链条等。

例如，作为双胞胎姐妹的网红"呛口小辣椒"，通过发布时装搭配，赢得粉丝的积极关注，随后"呛口小辣椒"便创建了自有品牌。

在这里，还需要指出的是，网红作为原创内容的制造者，其自身的优势就是利用新颖的原创内容获取关注。因此，是否能够持续提供优质内容，关乎网红生命周期的长短。

为此，业内学者分析坦言，一旦网红的原创内容脱离主流价值观，以"低节操"的特点影响网民，以此来吸引粉丝，那么这样的网红一定难以形成长久影响力，也不会走得太远。

第七章

 网红经济时代，企业该怎么做

在如今的网红经济时代，网红火得如日中天。如前所述，吴晓波写的一篇名为"最后一个'看门狗'也走了"的文章，在各大网站和自媒体中广为传播。

这篇文章之所以被热转，圈粉无数，是因为戳中了当下的社会痛点，吴晓波也成了各大自媒体追捧的头条人物。公开资料显示，该文的总流量累计超过1亿人次，这样的影响力足以撬动传统企业的互联网营销模式。

基于此，作为传统企业的经营者们，到底该如何了解网红经济，又该如何做网红营销呢？事实上，在过去，很多传统企业通常都是与大牌明星或名人签约，让其为自己的产品或者企业代言。在此种模式下，传统企业付出了惨重的代价。

在这种模式下，其代言人首先就是红人，企业必然需付出高额的代言签约费。对于那些小微企业来说，巨额的成本无法支付。因此，作为传统小微企业，可以结合企业的实际产品特点，打造和培养自己的网红。所以，作为传统企业，要解放自己僵化的互联网思维，同时打造和培养符合年轻消费者口味的网红。基于此，当传统企业开始做网红项目时，方才更精准，其成功的概率才更高。

网红经济的本质就是人格化销售

在互联网这块阵地上，王思聪比他爸爸——万达创始人王健林要火爆得多。"王思聪又换女朋友了"的新闻隔三岔五就成为自媒体的头条，甚至有媒体人声称，王思聪有多如后宫72嫔妃的网红女友，这其中就有淘宝年销售额超过2亿元的金牌店主雪梨。雪梨恰当地借助了王思聪的名气，其爆红度更是如日中天。

在淘宝平台上，就有超过1000家网红店铺。如在2015年6月6日的淘宝促销中，淘宝网女装前十大品牌竟然有7个是网红店，部分网红的店铺上新产品日，其成交额已经突破千万元。这样的商业潜力无疑是巨大的，这也就是当下网红经济为什么红的深层次因素。

从这个角度来看，网红经济的本质，就是人格化销售。主要是，网红经济的前提是流量式的："BAT"崛起带动了大规模流量，又将流量分发到了各个垂直领域。

早在前几年，互联网就涌现了蘑菇街、美丽说等一系列推荐平台。在平台崛起时，意见领袖的商业价值就被凸显出来。可能读者不知道的是，曾经的意见领袖其实就是今日的网红。

网红营销开启精准营销模式

在梦幻般多彩的虚拟互联网世界里，有一群被誉为网红的人，集万千宠爱于一身：拥有海量的粉丝拥趸；拥有精致的脸庞；穿着各色各样的美丽衣服周游世界；有时与明星、富二代传出没有秘密的绯闻；登上娱乐头条可以说是家常便饭；更重要的是，网红群体还拥有令很多追逐财富的人群瞠目的赚钱能力，她们经营的淘宝店几乎占据大部分销量的排名。

这部分群体,是被当下的研究者、媒体人公认的,在互联网世界里,最火、最会赚钱的人群之一。在这样的背景下,网红的营销模式自然地也成为新的营销模式变革热点。

在整个产业链中,网红与网红经济良性循环起来。这就是为什么很多研究者看好网红经济的巨大商业价值的原因。比如银河证券分析师马莉在一份报告中对此做了详细的梳理。

马莉以服装产业为例指出:"网红的出现其实改善了目前供应链效率较低以及客户精准营销难的问题。从供应链端,网红作为意见领袖买手制导购渠道,通过将其自身对时尚潮流的高敏感度对接供应链厂商,向粉丝主动推荐经过筛选的服装款式,提高了供应链生产效率,缓解了库存高、资金周转慢等问题。在零售端,随着品牌商规模扩大导致的开店边际收益下降问题以及各类成本价格的上升,品牌商开始向线上B2C电商平台寻找新的渠道销售商品。"

在传统B2C电商中心平台搜索品类繁杂且收费日益昂贵的境遇下,作为新营销模式开创者的网红,似乎颠覆了传统的营销思维。企业经营者可以通过网红这种借助社交平台海量流量宣传产品的精准营销模式,有效地解决产品生产者推广产品效率低下的问题,同时也可能帮助移动社交电商完成又一次交易场所转移。

众所周知,网红营销的本质其实就是传统生产者寻找的新的营销路径之一,其核心卡位主要有两点:网红营销的核心卡位一端掌握在社交平台手中——通过大数据挖掘不同类型的网红;其核心卡位另一端是高品质、快反应的供应链,制造性价比高、符合潮流趋势的产品,这正是传统企业最有优势及擅长的竞争区间。

网红经济去中心化大潮颠覆了传统的营销思维

尽管网红经济已经如火如荼,但是毕竟网红经济还是新鲜事物。这就意味着,网红以及网红经济这个新生的社会现象出现,自然会涉及一个网民对其认知和接受的阶段。

从网红的定义可以看出，网红其实就是通过原创小视频、视频直播、微信等自媒体创作的一连串内容，达到流量的转化、粉丝的积累，因此在互联网上脱颖而出，一举成名的一群人。

在"互联网+"时代，海量的信息席卷整个互联网。网民之所以乐意接受娱乐化营销内容，是因为网红所表现出的方式或其创作的作品，让网民非常开心，感到有趣。

互联网技术的发展，无疑为网民的普及提供了条件。在互联网世界里，人们能够展现自己的技能，张扬自己的个性，甚至把某些话题娱乐化。在这样的趋势下，网民迫切需求符合自身的草根互联网文化。

这就为网红的走红提供了成长的土壤。在这个过程中，网红不仅向粉丝传递娱乐精神，甚至还输出有生活态度和个人价值观。当然，之所以能够真正地吸引粉丝的关注，还是因为网红能够跟随潮流，创作出草根的、体贴网民的、能说出大家心声的作品。要想成为网红，首先得成为"网络生活家""网络艺术家"。网红俘获了海量的粉丝，巨大的流量，这就为其商业变现打下了坚实的基础。

互联网研究专家撰文指出，"它的助燃剂是品牌传播的返祖现象：网上购物在于信任——你是否信任推荐人。明星是触不可及的俯视视角，网红则是平民视角，他们更像是你身边有品位也愿意表达的朋友。他们推荐的东西更接地气。网红的背后实际是人格化的品牌返祖现象"。

该营销专家认为，"它的必要条件是支付手段的便捷：这为网红的电商化提供了大规模的社会化基础，越来越多的购买和支付，在不同的场景下直接发生，且比以前的购物网站更加省事、省时"。

究其原因，该营销专家研究发现，"网红的走红永远与网民的审美、审丑、娱乐、刺激、偷窥、臆想，以及看客的心理相契合。随着看客们欣赏水平的提升和需求的多样化，网红也在不断地进化——他们不再以异于常人的举止和出位的言论博关注，而是靠着自身的高颜值或者出众的才华胜出。"

在这样的背景下,作为传统企业的领导者们,到底该如何在网红经济时代策划和营销自己的产品呢?

在规模化的工业时代,很多传统企业往往是找几个大腕明星,或者找几个行业名人为自己的产品代言。这样的做法,盲目且毫无针对性,有的传统企业因此还付出了惨重的代价。

在这样的代言模式下,选择广告代言人的首要条件就是红人,既然是红人,必然需要支付高额的代言费。在"两创时代",很多创业者的企业规模很小,根本请不起大腕明星作为产品形象代言人。

这样的广告代言模式显然已经过时,既达不到期望的广告效果,同时还付出巨额成本。随着互联网时代的到来,人人成为自媒体的互联网平台为草根成为红人提供了机会,初创企业者自己也可以成为代言人,这不仅节省了成本,同时其营销宣传效果也更加明显易见。

这样的营销方式,更为广大的网民所接受,也逐渐成了企业所选择的主要营销方式。为此,有学者撰文指出,"传统企业在转型做移动互联网的时候,可以首先来尝试网红经济方式。结合企业的产品特点,通过一定的方式找到一个或一些适合去推的草根对象,在互联网上全方位来打造自己的网红!一个企业,首先要在思想上改变,去符合年轻人的口味,这样在做网红项目时,才会更精准,大大地提高成功的概率"。

网红经济的万能公式

不管如何定义网红以及网红经济,其最终的目的都会集中在货币化问题上。在这里,我比较赞同学者陈菜根对网红经济的定义——"网红=价值观,经济=货币化,价值观+货币化=网红经济"。图7-1。

资料来源:陈菜根.一篇文章告诉你网红经济的真相,2016-04-18.

图7-1 网红经济的万能公式

这个公式被学者陈菜根誉为网红经济的万能公式。在他看来,不管是网红经济,还是类似的达人经济、自媒体经济、自品牌经济、自明星经济、才人经济,等等。这些经济模型其实都是"价值观货币化"的有效注解。

学者陈菜根的看法很有见地,网红经济的核心还是变现,如果离开这个基础,网红经济就只有网红,没有经济。即使那些耳熟能详的各种颜值类网红,也仅仅是受众群体价值观的一个浅层次表达。

价值观+货币化=网红经济

学者陈菜根在《网红经济的真相》一文中曾写道:"这种价值观外化后,形成了人格,而人格的附着体就是一个个易识别的符号,这个符号可以是某某人,也可以是某某物,甚至还可以是一个虚拟的存在。"

这就是很多学者常说的"网红自带流量属性"的观点。在这些研究者看来，价值观相近的人群，相对容易对某种看法达成一致，甚至站成一条线。

在这条线上，那些价值观势能比较强势的人，自然就成了意见领袖，代表该群体再发出这个该群体的声音。这就是社群的力量。

在很多企业家论坛上，一些企业家把"网红=颜值"作为自己的主讲部分。当然，这样的观点多少过于表面化。

对于网红的分类，按照不同的属性，其分类自然也不同。如果按照用户认知和需求角度，以及基于马斯洛需求理论划分，我们一般把网红分为五类，见图7-2。

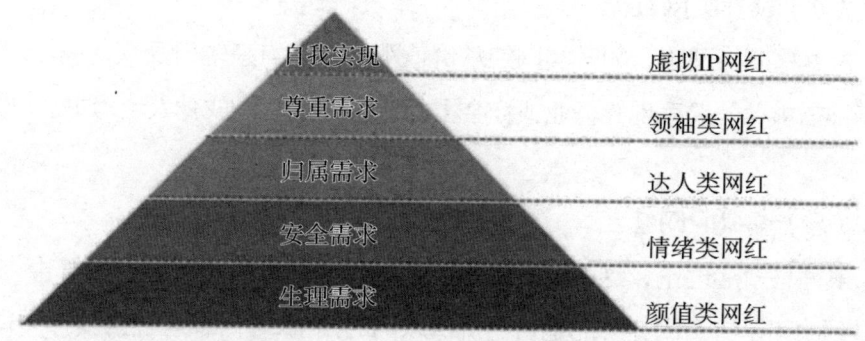

资料来源：陈莱根.一篇文章告诉你网红经济的真相，2016-04-18.

图 7-2 网红的分类

（1）颜值类网红

根据马斯洛理论，此类网红满足了用户五官与荷尔蒙等最低层次的生理需求，这就是为广大网民普遍认知的审美和审丑类网红，其基数巨大，在各大直播平台上，此类网红随处可见。

（2）情绪类网红

根据马斯洛理论，情绪类网红解决了网民某种社会认知迷茫和情绪积蓄，用户安全感匮乏，亟须某个附着通道来宣泄，如一些带有情绪色彩的自媒体。

（3）达人类网红

根据马斯洛理论，达人类网红代表的是一种先进的生活方式，此类网红通过自身技能来帮助用户，共同实现该生活境界，形成新生活的归属体验。由于此类网红拥有过人的技艺和才能，特别是细分行业的达人网红，所以其蕴藏的商业价值十分巨大。

（4）领袖类网红

根据马斯洛理论，领袖类网红从价值观的制高点来辐射受众，满足用户的精神需求，一般表现为行业或社会上的意见领袖，以成功人士为主。

（5）虚拟IP网红

根据马斯洛理论，这是网红练达的至高境界，即价值观的彻底符号化，你看到的不是一个网红，而是自身价值取向的投射，即灵魂显性化。

网红的生命周期逻辑

不可否认的是，网红类型不同，其代表的用户群也存在天壤之别。这样的差别符合网民的社会阶层。即喜欢哪类网红的网民阶层，就代表了此类网红所处的阶层。

作为新事物的网红，是人格化的内容形式的一种具体体现。因此，"内容产品"就作为过滤人群的入口。基于此，网红的生命周期也就非常明显。其生命曲线基本如图7-3所示。

资料来源：陈菜根.一篇文章告诉你网红经济的真相，2016-04-18.

图 7-3 网红的生命周期

（1）网灰期

大量事实证明，任何一个网红的爆红，绝不是偶然的。网红在爆红前，往往都有一个沉默期，我们把这段沉默期称之为网灰期。在这个阶段，网红必然要承受诸多因素的沉淀，这符合"一万小时定理"。

（2）网红期

当然，某个网红当爆红后，也就意味着进入网红期。在这个阶段，由于经过沉默期的势能积累，网上已经接近爆红临界点。经某个事件或因素触发后，网红自然也就爆红了。

爆红后的网红，其网红期的延长，完全取决于其网红属性和运营水平两大因素。处于底层的颜值类网红和情绪类网红，由于其感官基因，绝大多数属于"短线产品"，其时效性较强，可替代性也相对较强。

基于此，要想延长其网红期，必须依靠优秀团队的运作。通过对其属性升级，或者延展网红的边界来达到延长的目的。

在达人类网红中，由于此类网红能够持续不断地提供生活中的某种技能服务，其网红周期相对较长。

领袖类网红和虚拟IP类网红属于时代或空间的产物，其网红寿命将根据时空而变。

（3）网黑期

在网红生命周期中，网灰期和网红期是每个网红必经的两个阶段，当然，花开花谢这样的道理同样适用于网红。

网红在走向网红期后，一旦不注意维护其自身的影响力，衰落是自然的。作为意见领袖的网红，一旦失去该群体对其领导者身份的认同感，那么也就意味着该网红进入网黑期。

究其原因，网红是一个群体价值观的附着物。网红的陨落，一部分源于网红个人的自我定位不清，没能持续贯彻原有的价值观，以致内部用户起义，自废其名；另一部分则源于"反对派"对其价值观的攻击，当其价值观势能壁垒孱弱时，会因实力不济而被攻陷。

挖掘出意见领袖节点的影响力

在社会化营销中，意见领袖的营销价值不能忽视。这是社会化营销与报纸、杂志、电视广播的不同，曾经的传媒，报纸、杂志、电视广播广告基本上都是大众传播式的，即，单向传播式的。这就使得一些品牌产品在广告投放上消耗了大量资源。由于媒体自身的不同特点，受众注意力日趋分散，品牌推广成本无疑越来越高。

然而，在社会化营销中，微博、微信等自媒体传播影响的往往是同事、同行、趣味相投的网友等读者，很容易形成以小圈子为核心的分众传播，在这样的基础上容易实现意见领袖的价值主张，其营销价值非常巨大。

有效地寻找到意见领袖

社会化营销的公开信息可以有效地寻找到意见领袖，通过对意见领袖的宣传攻势，自然可以收获比大面积撒网更好的效果。众所周知，社会化营销的有效快速传播，意见领袖是不可或缺的。一般而言，在社会化营销中，通常的顺序是：吸引（Attract）；扩散（Amplify）；唤起行动（call-to-Action），即3A法则。见图7-4。

要想达到意见领袖的效果，就必须搞清楚企业需要什么样的意见领袖。通常，拥有大量相关性较高的真实用户的意见领袖是最佳的。因为这部分意见领袖是社会化营销中极具商业推广价值的。甚至花费巨额的费用他们也不一定帮企业传播。然而，一旦这部分意见领袖喜欢某个品牌或者某款商品，企业就可能得到这部分意见领袖为自己宣传的机会。当然，企业可以把品牌的关键词和这部分意见领袖的图谱匹配起来，让其传播对产品认同，对品牌喜爱的声音。一旦这部分意见领袖把品牌信息迅速传播出去，向外传播的品

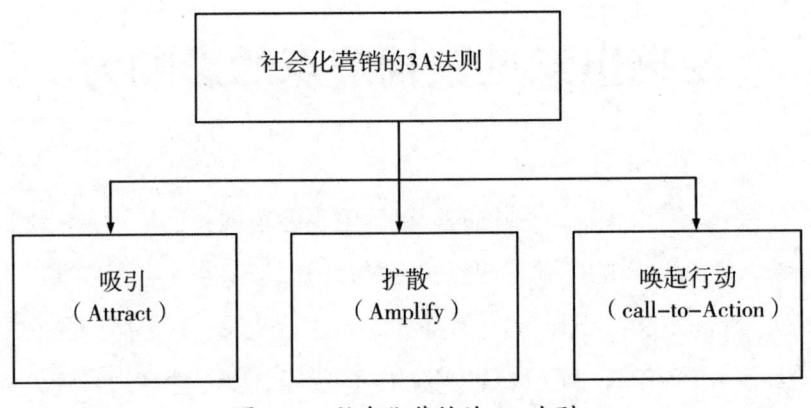

图 7-4 社会化营销的 3A 法则

牌信息的质量和转化能力是非常高的。

对此,有资深营销专家指出,对于品牌来讲,真正要做好的,是要建设一个已经包括了真人意见领袖的粉丝群,让他们喜欢品牌,让他们自然发出声音。这就不是发发微博、写写文案、送送礼就能够解决的了的,需要长期跟他们发展关系,以及给到他们奖励、特权、赞助,以换取他们的长期支持。这项工作艰巨且任重道远。

该营销专家提醒企业经营者,在发现意见领袖策略执行中,最难做的并不是去"物色"、接触他们和跟他们沟通,而是帮助他们去写一个内容能自然植入的文案,然后去管理这些文案的发布时间、转发时间等传播路径,务求让这些信息的生命周期可以延续,到最后,当然就是跟踪报告,以备下次改善策略。

根据《农民日报》的报道数据显示,在社会化营销的趋势下,线上线下协同营销占据了总的社会化营销服务类型的75%。见图7-5。

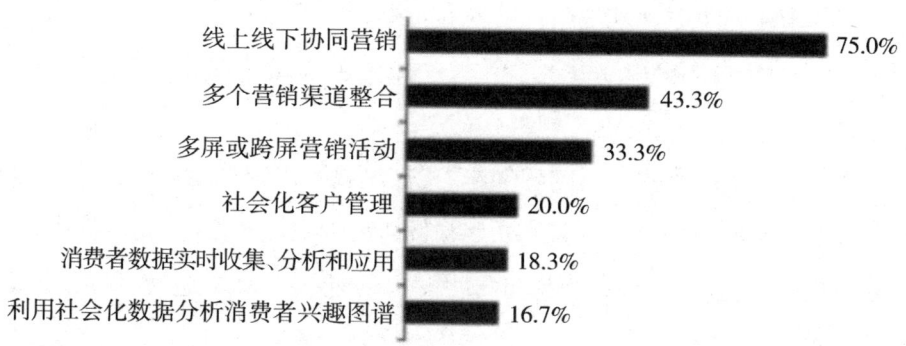

资料来源：李竟涵."谢谢你，让我站着把钱挣了"——褚橙身份倍增背后的新媒体营销策略［N］.农民日报：07版，2014-01-04.

图 7-5 社会化营销服务类型及占比

找准网民需求的契合点

对于网红来说，她们最想知道的就是自己的粉丝需要什么内容。冯子末在接受《商学院》杂志记者陈茜采访时说道："大家都想要做视频，要做网红，但是你要知道给大众提供的是什么价值。"

在冯子末看来，无论什么样的网红，其内容需求都必须是建立在对粉丝有用、有利，或者有趣、有共鸣、有共情基础上的。

在此基础上，网红通过提供给粉丝的内容，就可以相对容易地获取粉丝，并获取一些网民的深度共鸣。

大量事实证明，网红由于自身拥有鲜明的人格特点，无疑会把不同的内容包装成对粉丝有对口需求的形式。在这个过程中，网红能够抓住场景和事件，为粉丝表达情绪提供内容，塑造粉丝想要成为的人，或者是帮粉丝表达"我就是这样的人"的认同感。

例如，拥有千万粉丝的大V同道大叔星座漫画，就是通过社交语言介绍星座，结果，这种语言却深得粉丝的心。

又如，咪蒙，其发布的内容一样满足了一批网络人格的自我塑造需求，引起小众群体的共鸣，虽然激化抵触形成争议，但反而更火。

冯子末还毫不隐讳地说道:"内容为王,从来都是这样。"冯子末通过研究粉丝的每一次停留、每一个转发、每一个点赞的本质,最终找到与网民的契合点。

在各种变现的利诱下,内容创作的网红们要么以内容团队的形式在全产业链条沉淀自身价值,要么就利用自身优势为受众提供真实的价值。因为,为粉丝提供价值的本身就是变现的过程,千万不要一窝蜂地只存在于形式而不顾本质。

同样,在做社群运营时,内容能让社群的价值感更强。不同的社群像网红一样有各自鲜明的人格,社群的核心价值观能引起粉丝共鸣,同时能为社群成员提供有引爆点和有用的干货。如果在没有情感,没有共情的情况下,在社群里强推产品是行不通的。

我们再来看下褚时健的例子。在当下的互联网时代,历经大起大落的曾经的"烟王"再次被媒体关注。究其原因,是84岁的褚时健凭借互联网,书写了一个亿万富翁的传奇。

这样的传奇被媒体争相报道,《中国新闻周刊》是这样来评述褚时健的:少年时,他义无反顾地参加革命,却因反右不力被打成右派;60多岁时,他坐拥年创利税近200亿的红塔帝国,说话如"圣旨",被尊称为"老爷子",后却因贪污罪被判无期徒刑;84岁,他再次成为拥有35万株冰糖橙的亿万富翁,但却始终摆脱不了曾经"烟草帝王"的阴影。这个曾被报告文学形容为像太阳一样灿烂的男人,淡然外表下的内心,似乎没有一个人能够触碰到。

以这样的语言来描述褚时健是非常适合的,因为在如今英雄辈出的年代,不要说是进入耄耋之年的褚时健,即使是30岁的年轻人也未必能够书写这样的神奇故事。然而,在互联网技术时代,这样僵化的、桎梏的思维已经被彻底颠覆。可能连褚时健也没有想到,褚橙不仅可以通过互联网思维来推广和销售,而且还销售得如此火爆。

可能有读者会问,褚橙到底是如何来做互联网推广和销售的呢?在这里，我们来探讨一下褚橙的互联网化过程。

2013年11月16日中午，集中国作家、导演、职业赛车手等头衔于一身的韩寒在微博上发了一条信息，内容是："我觉得，送礼的时候不需要那么精准的……"在刊发博文时还发了一张图片，该附图的内容是一个较大的纸箱，纸箱上仅仅摆放着一个橙子，箱子上印着一句话："在复杂的世界里，一个就够了"（韩寒创办的"一个"App的口号），见图7-6。

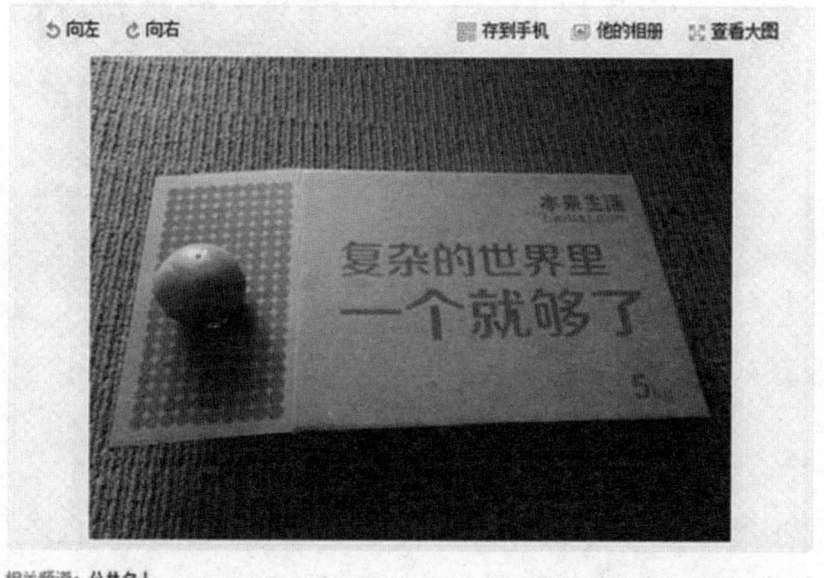

资料来源：韩寒.韩寒微博，2013-11-16.

图 7-6 韩寒微博刊发的图片

当韩寒的这条微博发出之后，迅速引来数百万粉丝围观和灌水，其阅读数量达300多万人次，评论转发达到4000多个。不知道的粉丝以为韩寒又在调侃，甚至还有粉丝调侃，"韩少应该后悔当初怎么不把'一个'叫'一车'或者'一吨'"。无论是粉丝们的各种会意的打趣，还是韩寒故作无奈的描述，当精明的行业专家一眼就看见了箱子右上角的"本来生活"标志时,立即就意识到,这则微博不过是"本来生活"为了推广和销售褚橙投放的一个广告而已。在"本来生活"的包装上,清楚地出现了"褚时健"和"本来生活"字样,见图7-7。

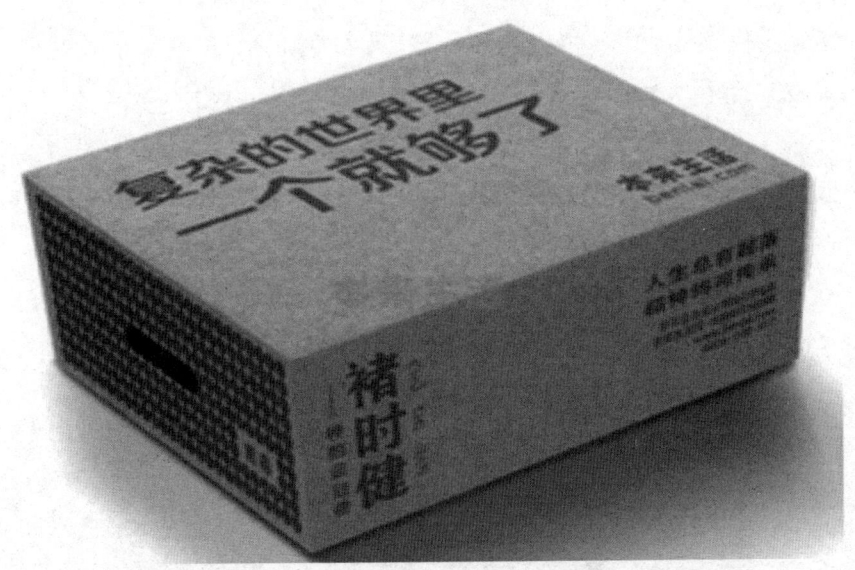

资料来源:本来生活网.现售:褚橙-在复杂的世界里,一个就够了,2016-05-24.

图7-7 "在复杂的世界里,一个就够了"包装

众所周知,褚时健人生的起落经历很能代表改革开放之后中国第一代企业家的经历。在第一代企业家阵营中,如王石、冯仑、潘石屹、任志强等对于褚时健曲折的经历以及80多岁再创业的勇气和魄力是惺惺相惜的。这样,第一代企业家阵营无疑就成为褚橙的第一批粉丝,有的企业家甚至还一次订货1500箱,让员工品尝"人生"的味道。这样自然就引发这批中国商界实力派和意见领袖感慨的一个新话题。"励志橙"的品牌声誉由此而来。

据了解,在褚橙开始上市时,"本来生活网"免费给几乎所有新浪微博上的大V赠送褚橙。这些大V们在品尝褚橙之后,在微博上向褚时健致敬。褚橙通过微博大V们的转发与互动参与,迅速地成为一个最热的话题,大多数消费者都是通过微博用户和网络知道了褚橙。

企业家网红营销时代来临

2016年5月,《网红的最高境界》被誉为互联网上最火爆的视频。究其原因,是该视频十足地恶搞了曾经严肃聚焦在镁光灯下的企业家们,诸如董明珠、罗振宇、雷军,等等。

该视频逐一麻辣点评、灵动回顾了董明珠、罗振宇、雷军等企业家们的一举一动。在研究者看来,其视频绝不是爆笑那么简单,作为商业大佬的企业家们争相做网红,必然为自己企业的产品或者企业形象代言,这样的法则是不会改变的。因此,在网络营销不再陌生时,一个新生代的营销变革由此开始——企业家网红营销时代来临。

粉丝经济催化企业家网红

在传统营销时代,如果媒体问传统企业老板或者其高管"你家老板是网红吗"这样一个问题,我相信,他们会无比排斥,甚至觉得匪夷所思。

然而,当互联网高速发展,营销也不得不随之变革,这是一个非常现实的问题。可能有读者会问,网红老板究竟为其企业品牌带来了多少价值?作为网红的企业家老板,董明珠是懂得其中的商业价值的。

在企业家网红中,聚美优品CEO陈欧率先开启了"我为自己代言"时代。其后,很多企业家开始从幕后走到台前,担任起自家企业品牌的形象代言人。当然,企业家网红这样做,可以起到两方面的作用:

第一,品牌的传播越来越人格化,情感的联系在加强。

第二,粉丝经济的催化,也让网红企业家们自然而然成为企业的标志。如刘强东与奶茶MM,网民自然而然地想到京东;看到董明珠,网民自然而然地想到格力;看到张瑞敏,网民自然而然地想到海尔;看到雷军,网民自然而然地又想到小米……

因此，有媒体认为，董明珠才是名副其实的"2016年第一网红"，而不是自媒体所称的papi酱。作为企业家网红的董明珠，被媒体如此认可，是因为董明珠痛陈国产电饭煲，创建自己的自媒体，上格力手机开机画面，省下近亿元的公关费。

在企业家网红中，作为后生的许磊，虽然其名字并没有像董明珠那样让人耳熟能详，但是，许磊却懂得运用互联网的力量，讲出一个颠倒众人的故事——最早的电购女王大杀四方，而后成为韩束的幕后功臣，再为女性创业开辟续蕊美妆，帮助女性的小微创业起步，成就中国最大女性创业社群。

续蕊美妆CEO许磊在《非你莫属》舞台上以敢言、敢说著称，而网红的魅力实在不容小觑，此前一篇名为"'电购女王'许磊将加入《非你莫属》BOSS团"的新闻稿以"一字之错"引发了续蕊美妆"万人闺蜜团"的强烈"抗议"。

文中，由于上海续蕊贸易有限公司总经理"许磊"被错写成了"韩磊"，这在短短几天的时间里引发上万女性创业者咨询，一时成为微电商界的重磅消息。在询问续蕊美妆团队的过程中，她们表示："加入续蕊美妆我们不是员工，而是老板，每一条关于续蕊美妆的消息，都是我们所关注和重视的。"万人审稿团恐怕已将小编吓趴了，写网红稿件时必须认真再认真。

企业家网红营销的新IP

众所周知，网红是网红经济的核心，这既是一种社会现象，同时也是一种商业产品。一位业界专家直言："颜值型网红，是一个资本推动的市场，从孵化粉丝到圈粉，再到变现获得收益，但这种方法变现迅速、简单、粗暴，刷脸难以持久，智力资本必重出江湖。"

在该专家看来，"靠才华、创作力、智力"才是网红的未来。在企业家网红身上，"才华、创作力、智力"这几个要素都能体现。

尽管"才华、创作力、智力"是颜值资本化网红们的进阶，也是未来个人资本化的长久发展方向,但是企业家网红的综合素养,是那些颜值网红们所无法企及的。

董明珠、雷军、张瑞敏等就是靠智力资本赢得粉丝的长效的忠诚关注,企业家本人成为热门IP,有想象、有解读、有争议,更有市场和市值,正如网络上的有趣段子所写的:"在经济自媒体时代,不想当网红的老板都不是好老板,阿里巴巴=马云,格力电器=董明珠,京东=刘强东+奶茶,续蕊=许磊,万科=王石……CEO们都是活招牌啊,还需要大砸广告投明星吗?Leader本身就是夜空中最亮的星,照亮企业的品牌……"

在这些企业家中,董明珠可谓是一个不折不扣的网红。在公开场合,作为格力电器董事长的董明珠并不反感媒体把其称之为网红。董明珠在"2016年中国企业领袖年会"的演讲中说道:"我最近是网红,成为网红的原因很多,第一个原因就是我们在收购银隆的时候,遭到了股东的反对。第二个是关于我的辞职问题,不再担任集团董事长。第三个就是最让大家关注的野蛮人敲门。"

董明珠解释说道:"虽然我们没有收购成功,但是董明珠一定要做。希望大家坐着格力造的车,打着格力的手机,控制家里的空调温度,享受格力给你们带来的美味佳肴,这就是我的梦想。"

确实,在互联网上,董明珠的言论总是能赢得网民的认可。在2016年11月,网上就有一则署名为珠海格力电器股份有限公司的《关于公司全员每人每月加薪1000元的通知》的信息被曝光,该文件显示,从2016年12月起,格力对全体员工每人每月加薪1000元。

面对媒体的质疑,参加央视财经论坛的董明珠对此事进行了回应:"目前格力电器净利润率能达到13%,2011年格力电器人均产值90万元不到,现在人均产值翻了一倍,营收1000多亿。7万多个员工,包括8000多人的技术专家人才,人员足足减少了一半,劳动果实要大家分享,所以提高1000元工资。"

董明珠的这种做法引起了同行的不满。对此,董明珠霸气地回应:"有人说,你给员工每人多发1000元钱,我们怎么办?你们也可以发呀!我不仅今年要多发1000元,明年还要再多发1000元。在这个智能制造的时代,员工自己创造出的价值,员工自己要享受到。我还要说,买格力的股票,你是在投资,而不是在投机。"

典型案例：企业家董明珠的网红营销

作为网红企业家的董明珠，其爆红的起点是在中央电视台的一次偶发性事件。

中国企业一拨又一拨地涉足手机行业，结果多数是无疾而终。在这样的情景下，一向坚持专业化的董明珠却毅然决定跨界生产，执意地研发格力手机。在手机行业四面围城时，董明珠的高调介入才真正地成为网络话题。

在此之前，董明珠与雷军的10亿元赌局，让董明珠洞察了互联网宣传的巨大影响力。在此次赌局中，董明珠与小米创始人雷军成为知名"赌友"，其后双方进而又逐渐演变成"冤家"。

面对企业家网红的超级影响力，董明珠抛出了"我分分钟都可以做出手机超过小米"的话题，引爆互联网，这样的宣传，其价值可以达到数十亿元。

当然，擅长营销的董明珠，绝不会放过任何一个机会宣传自己的产品，何况是正着力打造的手机。2015年3月，董明珠在一次演讲活动中高调地爆料称，格力手机已经研发出来。

于是，董明珠在活动现场掏出了一个有"GREE"标识的手机。这样一个充满了戏剧性的场面，立即引起了外界对"格力手机"的多轮报道，格力手机甚至利用自己的自媒体团队疯狂深挖相关新闻。

在这样一波又一波的宣传下，格力手机真正地走入了潜在消费者的视野中。尽管有的研究者并不关注手机的配置，但是希望知道董明珠涉足手机，是不是真的是为了与雷军赌气？抑或是因为董明珠自己的任性？

要想成为引爆媒体的话题，董明珠抛出豪言称："格力手机每部1000元，在2015年要卖1亿台！"

但是这样的目标与格力电器并不相符,甚至是有点痴人说梦、异想天开,有人说"就算卖空调送手机都送不出这么多啊"。

当我们查阅了有关董明珠当天的发言实录后发现,并没有上述这样的言语。或许是一些自媒体的标题党自编的。

从目前的市场状况来看,尽管格力手机成了人尽皆知的商品,但是因为产能不足,使用格力手机的用户相对较少,也只能在董明珠自媒体上买到。

但并不能就此来判断任性董明珠的手机梦破灭了。一位多次接触董明珠的人士在接受《北京青年报》记者采访时说道:"如果认为董明珠是因为与雷军赌气才造手机,那实在有点低估了她,这肯定不那么简单!"

作为从底层发迹的董明珠并不会因为赌气涉足手机。其实,董明珠早就有做手机的想法,但绝不是单纯为了卖手机。

究其原因,"智能家电的互联互通是未来行业发展方向,而像格力这样的纯白电企业一个最大的劣势就是没有信息入口,不像黑电企业有电视可以作为操控平台。因此格力选择了用移动端即现在外界看到的格力手机来解决,说白了就是要一块能够操控的屏!"

当然,董明珠涉足手机,是因为在空调行业的经验积累,如果只是把董明珠造手机归纳为任性和赌气,不仅不客观,甚至还有失公允。在董明珠看来,"很多人说手机市场是红海,我认为是不是红海不是取决于市场,而是取决于你自己。"

董明珠为何要争当网红

董明珠接棒格力电器后,频频地在各种场合上露面、演讲,同时与时俱进地开设了"董明珠自媒体"公众号办公开课,与雷军、王健林、刘强东、马云等一些业界话题人物都扯上关系。

对于董明珠一系列的变化,财经作家吴晓波公开撰文说道:"董明珠已经是企业家中的网红了。"

作为铁腕的董明珠,为什么要做一个网红呢?有分析认为,董明珠由于性格张扬，喜欢这种被人追捧的感觉。甚至还有一些评价认为，由于格力电器的增长乏力，所以要以此来吸引消费者的注意力。

究其原因，从2015年开始，格力电器的销售额开始下滑，2015年，格力电器销售额从2014年的1200亿元下跌到977亿元，尽管2016年又回升到1100亿元。

对此，一些媒体甚至用"惨烈""明珠陨落"来评价格力电器2015年年报披露的成绩单。那么，格力电器2015年的成绩到底是怎么样的呢？

根据格力电器2016年4月28日发布的2015年年报披露，2015年全年，格力电器营收977.45亿元，比2014年下降29.04%，净利润为125.32亿元，比2014年下降11.46%。

格力电器的业绩出现这样的波动，自然会引起媒体的关注。反观格力电器的业绩表不难发现，2012年，格力电器的营收首度突破千亿元大关。该年年报提出：力求未来五年年均销售收入增长200亿元，实现五年再造一个"格力"。但是残忍的现实却没有能实现这样的承诺，在连续高速增长了3年后，2015年的营收非但没有再造一个"格力"，反倒跌落至2012年的水平。见图7-8。

董明珠在回应关于2015年营收大降400亿元的质疑时说道："一是大环境变化，宏观经济下行的趋势；二是前几年的刺激政策透支了市场；三是格力电器之前已经连续三年每年增长200亿元，空调市场需要消化一下；四是2014年格力主动对空调价格进行调整，实施大幅降价策略。"

不可否认的是，董明珠的回应都是非常客观的事实。由于空调与中国房地产之间的关系异常密切，房地产的高库存导致空调滞销也就在情理之中。纵观格力电器和美的的报表，格力电器的空调营收下滑29.48%，美的空调业务营收下降11.3%、海尔空调业务营收下降20.6%，空调市场整体零售额下滑4.8%。

相比美的、海尔，格力电器的营收更倚重空调业务，其营收中86%为空调营收，只有14%为小家电、冰箱等其他产品营收。这就是为什么在近几

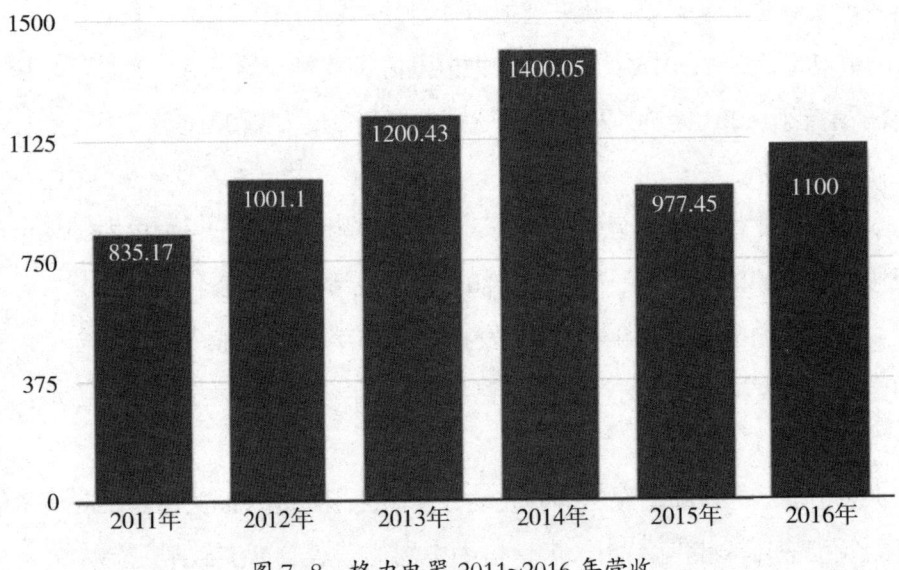

图 7-8 格力电器 2011~2016 年营收

年董明珠一直在加大格力电器多元化的力度,涉足空调之外的小家电"大松"、冰箱"晶弘",以及格力手机、智能机床、新能源汽车等。但遗憾的是,格力电器这些多元化产业至今,并未给格力电器贡献可观的营收。见图7-9。

格力电器的业绩下滑,与中国经济的大环境不景气、空调市场延续去库存状态等宏观因素有关,这也是导致格力电器业绩大跌的一个重要原因。

尽管如此,研究者和媒体更愿意观察格力电器本身的经营策略是否出现了失误。究其原因,是因为同样在2015年,美的却交出一份让业界满意的成绩单,在"营收""净利""营收增幅""净利增幅"四项关键指标上均领先于格力电器。

面对这样的窘境,家电产业观察家刘步尘在接受媒体采访时,把格力电器业绩大跌的原因归纳为:董明珠任性决策的后果。刘步尘说道:"格力电器2014下半年以来掉头向下,与董明珠近年来'大跃进'情结息息相关。目前,董明珠的权力在格力电器董事会、管理层几乎处于不受制衡状态,其诸

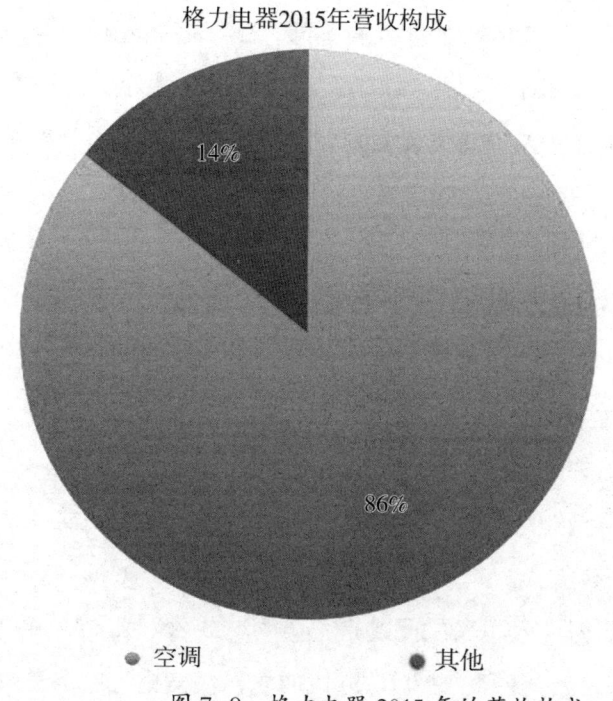

图 7-9 格力电器 2015 年的营收构成

多决策压根儿就是任性的结果,比如进入手机领域。"

在刘步尘看来,格力电器的业绩下滑,是因为多元化发展。根据格力电器年报数据显示,2014年空调业务占格力电器总营收的86.18%,2015年空调业务占格力电器总营收的85.65%,两年来空调业务比重仅仅下降了0.53%,2015年空调业务全年营收同比下降29.48%,空调之外的其他业务占总营收14%,按照全年总营收同比下降29.04%的数据推算,其他业务实际略有增长。

从财报上分析,正是因为空调业务占比过大,承担了格力电器业绩的主要增长,反倒是多元化经营没有取得理想的业绩,加剧了空调市场疲软带来的消极影响。

作为船长的董明珠,肯定意识到了其中的风险。从2013年开始,董明珠频繁地出现在非空调业务范围,例如,2013年,董明珠代言格力电器旗下的生活家电品牌——晶弘冰箱,2015年深陷格力手机的黑洞,2016年卖力宣传

HI大松电饭煲……

但格力电器多元化经营的路数让人看不懂，比如突然宣布进军手机产业的决定就把外界吓了一跳：尽管格力方面宣称造手机是为了打造智能家居的控制中心，但明明一个APP就能解决的事情，格力偏偏要用一个手机来解决。格力的这一做法，被认为是董明珠任性决策的重要证明。

网红董明珠为格力电器省下数亿元广告费

董明珠曾对媒体说："作为格力电器董事长，我认为仅仅一个格力品牌不能囊括了世界上对中国的评价，我希望创造更多的国际化的品牌，或者更多能够代表中国走出去的品牌，这就是我们的价值所在。"

因此，董明珠当网红是个性使然，也是迫不得已，她的做法无法与民营企业老总们相提并论。

但是一个非常值得让人思考的问题是，董明珠成为网红后，为格力电器省下数亿元广告费。毫无疑问，董明珠取代成龙，代言格力电器是有所准备的。"好空调，格力造"曾经是格力每天在央视黄金广告时段的金字招牌。当格力电器与成龙的两年合约期满后，董明珠没有像其他请明星代言的企业那样"好聚好散"，而是非要散布出"请成龙做广告要花1000多万元太贵，自己做广告一分钱不用花"的言论。

董明珠一针见血地击中广告代言费的命门时，格力电器的一位媒体对接人士为此打圆场称，格力电器与成龙的合作终止，完全是因为一个正常的合作期满，并不存在谁对谁不满意的问题。"所有代言人的合作都是一样的，合作期满后可以选择续签也可以不签，企业也可以更换其他代言人，这些都是正常的事情。可能是董事长说话比较直，给外界造成了双方不友好分手的误解吧！"

不过，在董明珠看来，高昂的广告费显然是有的放矢。当董明珠嫌"成龙代言费太贵"的言论获得了网络的足够眼球关注之后，董明珠亲自上阵的电视广告登上央视，又一次成为网络话题。

这样的广告受关注度比用千万元邀请成龙代言更有效。很多广告行业人士都分析认为，这样的做法，是董明珠布好的局，就等着大家往里钻。

不仅如此，除了自己做广告外，董明珠还邀请万达董事局主席王健林为格力电器站台。董明珠和王健林二人在电视上一唱一和的画面，喜感十足。

这一切仅仅是因为董明珠给王健林打了个电话："王健林说他愿意出来和我一起做这样的广告，其实理由也很简单，就是他比较信任我和格力，信任我们的产品质量。"

据格力内部人士透露，由于董明珠和王健林二人的时间都很紧张，加上广告要得比较急，所以这个广告并不是董明珠和王健林一起走场拍摄的，而是将两人的录音后期加工合成的。由于王健林显然也不会向董明珠要广告费，因此二人的这次合作显然应验了董明珠那句"不请明星代言省了1000万广告费"。

企业如何对接社群下的网红经济

在中国,英雄向来不问出处。在过去的几年中,网红被誉为最为野蛮生长的一个商业群体,不仅在中国,即使在欧美发达国家也是如此。反观网红的发展历史不难看到,各式各样的网红群体,在社交媒体平台上活力十足,大放异彩。

这样的现象足以说明,当下的网红群体已经成为影响消费者的一支重要力量。长江商学院营销学教授陈歆磊甚至认为,"主导权已经从传统媒体手中转移到了拥有超过20亿用户的社交媒体手中"。

正因为如此,网红在各类社交媒体平台上的影响力已经可以与大牌明星分庭抗礼、不分伯仲。数据显示,2016年,网络广告的预算首次全面超越电视广告。网络广告增长较快的板块就是社交媒体上的在线广告,其从几年前的几乎为零增长到现在已经接近200亿美元的规模。

从这个角度来分析,日进斗金的网红,不仅令大牌明星另眼相看,甚至连很多资本机构也垂涎三尺。不过,当我们分析比较中国和美国的网红经济后发现,与美国网红不同的是,当下的中国网红经济,其供应链还不够完整,商业模式也相对单一。但是,如涵电商、张大奕的走红给中国品牌复制提供了样本,甚至也开始赢得一些主流品牌的广泛认可。

当然,任何一个新的商业模式都会面临自身的短板,正如陈歆磊教授所言:"成为一个真正成熟的业态还有很长的路要走。如果这些问题不能得到解决,这种模式归于平淡是迟早的事情。"

品牌企业对网红须有清晰和一致的定位

根据尼尔森2015年的一项调查显示,对于很多粉丝来说,网红推荐的商品，其可信度几乎可达到朋友以及家人的推荐程度，甚至80%的全球消费者会采取相信的态度。

这样的调查数据足以说明，粉丝与网红建立的情感纽带已经不再像传统的导购那样。反观网红发展历史就不难看出，早在2013年，美国大量主流的品牌企业，已经开始重视网红的商业价值，对其表现出较为浓厚的合作兴趣，甚至还愿意帮助网红构建有效的市场形象。

网红营销案例中，不仅有视频网站——YouTube，也有图片分享网站——Instagram。这些社交媒体的网红都可圈可点。2012年，脸谱网（Facebook）投资10亿美元并购了Instagram。

可能读者会问，一个小小的社交网站，凭什么价值10亿美元呢？这就得从网红的商业价值说起。据公开的数据显示，仅仅在2015年，顶级品牌企业在Instagram上支付的广告费就接近10亿美元，且广告费还在倍增。

Instagram价值10亿美元的原因，主要是Instagram拥有4亿月度活跃用户。当然，相较于脸谱网，Instagram的移动活跃用户仍落后13亿，还落后同属脸谱网旗下的Whats App 9亿、Facebook Messenger 7亿。不过，高于推特（Twitter）的3亿多月度活跃用户数量。根据调研公司eMarketer数据显示，2016年，Instagram的全球广告营业收入达到14.8亿美元，预计2017年的广告收入将达到28.1亿美元。

当用户登录Instagram网站就不难发现，其不是一家纯粹的电商网站，也不像亚马逊那样推荐网民购物。

Instagram做的是，让网民翻看那些精心构思的照片后，产生一种赏心悦目的愉悦经历，从而让网民产生购物的冲动。这样的商业潜力正是很多电商网站所期望的。

不仅如此，由于网红对粉丝拥有强大的权威感和说服力，很多品牌企业运用网红营销，不仅达到品牌营销意想不到的宣传和推广效果，甚至还节约了成本。

2015年3月，美国百货商——Lord & Taylor在推广新款系列服装时，为其支付广告费，邀请了50位Instagram网红。

在这次推广的当天，Lord & Taylor发布了网红穿同一条裙子的照片。让Lord & Taylor没有想到的是，在该周末，该系列裙子全部售罄。

网红能够达到如此好的广告效果，引来了品牌企业的关注，让一些品牌企业更是热衷在社交媒体平台上投放广告。原因是，品牌企业可以从社交媒体平台收集各种各样的数据，如用户年龄、消费模式、兴趣爱好，等等。

当品牌企业知晓消费者的需求后，其投放的广告无疑就更加精准。在过去的传统营销中，这几乎是一件不可想象的事情。

正因为如此，随着网红经济的发展和成熟，主流的品牌企业，如耐克、福特、Holiday inn，甚至奢侈品比如Burberry、奔驰、玛莎拉蒂等，也开始邀请网红代言其产品。

作为品牌企业的寇驰坦言，在过去的几年中，寇驰公司一直在邀请网红代言并宣传推广其产品。

与美国网红不同的是，中国企业通常采用的方式是在网红的文字、图片以及视频中植入纯粹的广告，这就意味着美国网红和中国网红盈利模式的不同。

在美国网红的盈利模式中，接受物物交换的合作模式。如美国女自由摄影师Alina Tsvor，她非常乐于在Instagram上发表自己所拍摄的城市和风景照片。为此，Alina Tsvor曾经给芝加哥一家直升机公司写了一封邮件，邮件的大意是，如果能让Alina Tsvor和朋友们坐直升机在其所在的城市上空飞一圈，Alina Tsvor会用iPhone手机拍几张城市的夜景，然后把照片分享给她的5.5万名粉丝。不仅如此，在文字中还会提及该公司的企业名称。最后，该公司接受了Alina Tsvor的建议。该公司真的让Alina Tsvor和朋友们在其所在的城市上空"飞翔"了，而且还飞了两次。

与传统的支付广告费不同的是，物物交换的优势在于，品牌企业不需要支付巨额的广告费，网红也可以得到真实的新鲜体验，不仅节约成本，还可以赚足眼球。这样的结局可谓是皆大欢喜。

当物物交换的广告模式被众多企业实践后,梅赛德斯奔驰也参与其中,将旗下起价2.9万美元的CLA车型,让网红试用。梅赛德斯奔驰这样做,显然是针对年轻的消费群体。

对于认可社交媒体平台的年轻消费者而言,网红的认可,比明星更有影响力和说服力。因此,在广告战略中,梅赛德斯奔驰选择了与网红合作,且将影响Instagram社群视作自己的一个核心营销战略。

梅赛德斯奔驰还是采用的较为保守的营销形式,在策划的这场比赛中,让参赛选手驾驶车CLA汽车,并且在华盛顿特区行驶3天。与此同时,梅赛德斯奔驰在Instagram上贴出沿途的照片,并且在文字中写上诸如"@奔驰美国",加上"CLA一路向前"等标签。

最终,28岁的银行职员Nikoletta Csanyi因为出色的比赛,获得梅赛德斯奔驰颁布的奖品——一辆奔驰CLA的三年使用权。

在中国品牌企业中,越来越多的企业也开始重视网红的商业影响力。一些草根出身的网红,也开始得到主流品牌企业的认可。

当然,中国品牌企业要想有效地挖掘网红的巨大商业价值,必须对网红和自家产品的一致有一个清晰的定位。这不仅有利于品牌企业的宣传和推广,同时也有利于网红自身影响力的传播。如2015年营业额已经超过2亿元的网红六神磊磊,在其推送的广告中,就有品牌企业奥迪的身影,这为中国企业的在线广告提供了一个可以参考的样本。

构建完善的供应链体系

对于任何一个行业来说,支撑其行业的正常运行,必须拥有一个完整的、完善的供应链体系。这样的理论同样适用于网红经济。

如前所述,成功实现网红变现的供应链,是网红经济的一个非常重要的环节,是连接品牌企业和网红的中间商,最终帮助网红将流量变现。这个中间商的作用不可或缺,可谓举足轻重。

大量事实证明,社交媒体平台极大地削弱了传统渠道的宣传和推广的商业价值。这对于众多的品牌企业和海量的网红而言，要想让网红经济的商业价值最大化，品牌企业必须准确地找到适合自己所需的网红。

一般地，品牌企业可以求助中间商，因为中间商的撮合可以减少品牌企业在找寻所需网红时的时间和费用成本。

当然，在发达国家，特别是像美国这样的商业环境中，中间商在整个供应链环节中日渐成为发展趋势。如，24岁的Corbett Drummey创立了Popular Pays，此款APP的产品定位是，既可以帮助网红找到期望代言的品牌企业，又可以给品牌企业推荐所需的网红。目前，该公司在纽约、芝加哥、旧金山等10个城市运营，拥有1万个活跃用户。

这样的中间商解决了小品牌和小网红挖掘网红经济商业价值的问题。一般地，较小的企业，有自身的资金、人才等条件限限，同时不知名的网红同样遭遇瓶颈，要想搭建一条合作之路，相对较为困难。

小企业和不知名的网红，处于网红经济行业的金字塔底部，其数量庞大，缺乏一掷千金的经济实力，其准入门槛也相对较低。

然而，正是这个痛点，催生了无数创业的机会。一对高中好友创立的FameBit公司，自然地瞄准网红经济这个快速增长的行业。

FameBit公司关注的，不是那些叱咤风云的大网红，而是在YouTube、推特、脸谱上拥有5000以上粉丝的小网红。

由于其准确的商业定位，FameBit网站已经初具规模，其每月有约100万美元的收入，且已经开始盈利。

在推广宣传网红过程中，每个网红都在FameBit网站上创建自己的个人主页，看到包括个人作品、受众的分布，以及网民参与度，比如网民观看一段视频的平均时长和分享次数。

基于此，品牌企业通常会在FameBit网站上提供一份有关支付价格和选择网红的条件。当然，网红也可以对广告企业的邀约作出回应。

在企业与网红的合作中，大多数企业在每推销一项产品或服务时，通常会支付给网红500~2000美元的推广宣传费用。

目前，在FameBit网站上，已经拥有超过2.3万个网红（多数是视频制作者），以及3500多个品牌企业，其中不仅有小型创业公司，甚至阿迪达斯、欧莱雅等知名企业也入驻FameBit网站。

与其他中间商不同的是，FameBit不仅提供一个平台，还允许网红自己与品牌企业直接洽谈商业合作，品牌企业也都是免费注册，直到品牌企业雇佣网红、进行内容创作、审批和发表作品之后，FameBit网站才收取品牌企业的宣传费用，其比例为交易双方各收取10%。

反观中国网红经济产业，批量孵化网红的公司已经势如破竹，在帮助网红流量变现中也日渐多元化。

但相对来说，要弱于美国。由于美国网红经济的商业价值渐趋成熟，其推广和宣传影响力得到众多传统企业的认可。Instagram的创始人Kevin Systrom，就曾经亲赴巴黎时装周出席各种商业活动，究其原因，Instagram这家图片分享网站毕竟需要网红、模特、设计师和品牌等方面的内容资源。

第八章

★ 网红经济究竟能"红"多久

自从网红这一现象开始出现，网红经济的争议就压根没停止过。争议的方向大概有两个方面：

第一，一些研究者认为，网红经济存在大量泡沫，必然又是一种短命的商业模式。

第二，一些研究者认为，网红经济的商业潜力巨大，必然引发传统企业的营销模式变革，这样的观点认为，由于移动互联网的普及，未来的营销也不再局限在大牌的明星代言人。

其实，从早期的痞子蔡，到芙蓉姐姐，再到如今的随处可见的爆红的网红，网红经济的模式已经几经变化。从当初的网红1.0进化到网红4.0的商业模式，不论从产业链的完善程度，还是从变现能力，网红的商业模式都有了一个较为清晰的方向。

从这个角度来说，网红经济必然会不断地延续。这样的趋势对于网红个体而言可谓是一个好消息。现在不红，未必最后不红，关键是如何经营好自己的内容，维持自身热度，或许这才是有志于成为网红者最该思考的问题。

网红营销模式的升级

在"互联网+"时代,互联网格局的重塑,使得以淘宝和天猫为独占平台的商业格局已经发生了巨大的改变。为此,作为阿里巴巴两个台柱子淘宝和天猫不得不强调网红经济的巨大商业价值,按照阿里巴巴CEO张勇的说法:"以网红为代表的这些人作为内容生产者,也许有两种角色,既生产内容又生产产品。大量的达人具有传播能力,他们本身不生产商品,但是生产生活方式,传播生活方式。他们生产与自己生活方式相关的内容,网上有大量的搭配老师、居家达人、美妆达人……他们生产的都是内容,关键是内容的本身具有传播土壤以后,能够形成要素,形成展示。构建网红体系时,在淘系内容之外,还包括与阿里关系紧密的投资公司和合作伙伴,包括优酷土豆、微博,紧密打造从内容生产到内容传播、内容消费的体系。"

在阿里巴巴CEO张勇看来,网红营销模式的升级意味着网红4.0的网红经济时代已经开始。

究其原因,由于过去几十年的个性被压抑,当网红4.0时代给予这样一个爆发点时,随着互联网的普及,自媒体风起云涌,网红经济将引起暴风骤雨,其商业力量前所未有。

在此阶段,作为网红4.0时代的代表人物papi酱,其火爆其实只是网红4.0时代的一个有效注脚。

papi酱是网红4.0时代的一个有效注脚

早在2015年,"网红"一词频频成为网民的口头禅,越来越频繁地出现,这意味着网红正在成为投资的热点。

在当时,网红给网民的印象似乎都是固定的。学者歪道道就曾撰文写道:"网红给人的印象无非是锥子脸,大眼睛,一字眉,每天发着经过PS的美照,然后在照片下面附上一条淘宝购物链接的电商达人。内心稍微丰富的人,便会联想到天王嫂,朝阳V姐,秀场主播们。更久远的印象,则是芙蓉姐姐,凤姐,等等。"

在歪道道看来,这样的文字描述网红,更多的是调侃,甚至带有贬义倾向。不过,一切事物都在变化中,网红也是如此。2016年,在网红经济领域,发生了一件彻底改变中国网红经济的事件。

这个事件的主角就是风头正劲的高知网红、主打吐槽短视频的papi酱。对于papi酱,学者歪道道却高调评价:"这个号称集美貌才华于一身的女子,以平均半周更新的一条有笑点的视频,在每个平台的自媒体账号都能通过打赏的形式获得几千上万的直接收入。之后融资1200万,甚至首次广告拍卖价2200万,在所有人的目瞪口呆中,彻底将网红经济拉到当前最受关注的风口浪尖之上。"

网红的吸睛吸金能力正在加强

在互联网营销推广中,每次变革似乎都是与互联网技术有关。尽管网红这个营销概念是于近两年才出现,但是网红早已存在于互联网世界中。

从网红的表现形式不难看出,早期的如痞子蔡、dodolook、芙蓉姐姐、凤姐、天仙妹妹,乃至打色情擦边球的兽兽,这些网红当中大多数都是在以炒作为主要目的,除了以活泼语言写作的痞子蔡,很多网红都近乎是在以审丑和恶搞为手段,积攒虚无的网络人气,以此满足其个人的出名需求。

在网红1.0时代,网红更多的是为了获得传统媒体的关注度,然后借助其关注度,向其他领域拓展。此阶段的网红,仅仅是一种吸睛的手段,本身变现环节相对较为薄弱。只能够寄生在传统媒体、门户网站和论坛博客之上。

网红的如此做法在那时的传统媒体看来,仅仅是旁门左道的新闻事件而已。正因为如此,此阶段的网红大多数生存维艰。学者歪道道举例说道:

"那时候即便是当时最为优质的网红dodolook，这位从2005年左右因为制作搞笑短片而火遍互联网的美少女，在那个蛮荒的互联网时代，虽然达到了现象级的网红，并且想要借此拓展到娱乐圈，成为一个明星，但却未能挤入主流的娱乐圈中，最终难逃销声匿迹的命运。"

与其他网红一样，虽然拥有人气，但是变现能力较弱的凤姐、芙蓉姐姐也不得不进行更痛苦的大转型，勉强地维持着自己的存在感。这比凭借色情获得人气的兽兽似乎更为长青，因为兽兽似乎只是昙花一现，甚至被主流媒体所不齿。

当微博兴起后，网红开启了自己的3.0时代。以朝阳V姐、外围、嫩模、传统秀场的主播为代表的红人，成为网红的主力军，她们将"吸睛效应"发挥到了极致。

在网红3.0时代，炫富的郭美美、晒裸的干露露，一度成为该阶段较为知名的一批网红。

在另外一个晒场，一些主打美色经济的秀场主播们也开始大显身手，并已经拥有一定的变现能力。不过，网红界出现了层出不穷的负面事件后，一些学者甚至把网红与低俗、媚俗绑到了一起，使得网红彻底贬义化，甚至一度引起广大网民的反感。

在互联网上，英雄向来是不问出处的。在大浪淘沙下，此时的网红暗流涌动，层出不穷地涌现出来，不论是相比网红初期还是后面的4.0时代，此阶段的网红正在经历着她们期望的黎明阶段。

随着移动互联网的兴起，美拍等短视频直播平台的崛起，手机短视频和全场景直播逐渐被广大网民接受，新生代网红的诞生渠道开始变得畅通。

在网红4.0时代，网红开始从负面的沼泽中艰难挣脱。网民和研究者们也慢慢地开始接受网红这一概念，网红也因此逐渐退去贬义化。加上网络监管的加强和网民的审美水平提高，单纯地依靠低俗媚俗成为网红已经极为困难，这无形中增加了成为网红的难度。正因为如此，一系列优质、有趣或者具有审美情趣的网红就这样相继诞生。

在网红4.0时代的新生代网红，由于自身粉丝形成的巨大流量，因此在移动互联网时代的变现能力大大地提升。在这样的话语权下，网红正式进入了吸金时代。在此阶段，网红或生存于美拍等直播短视频的平台之上，依靠平台变现；或生存于社交媒体之上，依靠自身优势做电商变现。

网红经济绝不是一种短命的商业模式

不管是线上，还是线下，有关网红经济商业价值的争议，注定是一个"先有鸡，还是先有蛋"的悖论。自从网红这一概念诞生那一刻起，这样的争论就没有停止过。

这样一个陈旧的话题，似乎没有什么新意，争论的焦点，诸如"网红经济是不是存在泡沫""会不会和其他互联网出现的众多风口一般，只能各领风骚三五年，最终成为一种短命模式，过一段时间就会销声匿迹？"……

这样的问题，其实压根就不能称之为问题。对于任何一个行业而言，从火热爆发期进入一个稳定期都是规律所在。不能因此说成是一种短命模式，这本身就有待推敲，网红经济依然如此。

作为一种能从1.0进化到4.0的互联网商业模式，不论是从产业链完善度，还是从变现能力上而言，网红经济都已经有了一个非常清晰的方向。

根据《2016中国电商红人大数据报告》数据显示，2016年红人产业产值（包括红人相关的商品销售额，营销收入以及其他生态环节收入）接近580亿元。

这样的市场前景十分巨大。与越来越火的电影票房市场相比，580亿元的规模远超2015年中国电影440亿的票房金额。面对如此巨大的市场，网红经济的市场前景值得关注，因为网红经济必然会改变现有的互联网消费方式和企业广告投放方式。

网红经济正在稀释明星经济

研究发现，网红经济与明星经济在一定程度上有着诸多相似之处。都是如先形成个人品牌价值，再凭借粉丝流量，最终实现变现。

反观明星经济模式，其通常是凭借粉丝的流量来面向B端进行一系列的变现。即使粉丝会为其消费，也间接的需要经过B端这一渠道。

网红经济不同于明星经济，网红经济是直接凭借粉丝自身的消费能力进行变现。在这两种模式中，网红的变现能力与明星相比，是不分伯仲的。据媒体报道，王思聪的前女友，电商网红雪梨的一年收入已经高达1.5亿元，而范冰冰一年的收入也才1.3亿元。

当然，网红自身的进入门槛相对明星来说要低得多，她不需要明星专业级别的团队运作。只要拥有一定内容制作能力，就可以通过美拍这类的网红孵化平台，有机会收获粉丝，成为人气网红。这种造星能力，不是传统明星公司能够比拟。因此在未来，随着网红的崛起，这个群体将会大幅度超过明星，明星经济的注意力将被稀释，像四大天王这类家喻户晓、老少通吃的明星将很难再出现。每个人都有自己喜欢的网红，而这个网红，他的朋友可能完全都不认识。从这样的角度来分析，网红经济必然会稀释明星经济。

网红即使整容，也会诚实分享

在网红日常的工作中，除了定时发布上新美照，网红们还要在微博上时刻保持和粉丝互动，以增强用户黏性，提高网店的复购率。

有时网红以意见领袖的形象出现，指导女性网民过高品质的生活；有时网红又将自己变身为粉丝身边的一个闺蜜，撒娇耍萌，甚至偶尔还要犯个"弱智"；有时网红会分享自己的穿衣心得，似乎有千百回般甜蜜……

的确，网红熟练地掌握一种微妙却又恰当的角度，既不高高在上，也不过分讨好粉丝。正是如此，网民才感觉出网红的亲切。网红南表妹解释说："其实做自己就好，以前那种高冷的女神范儿现在已经不流行了，粉丝更喜欢接地气一点的。我的性格比较汉子，她们都叫我老公，我有一个很强大的后宫团。"

当然，为了更好地保持与粉丝的黏性，网红会定期发布视频。可以说，在网红4.0时代，发布视频内容已经成为网红必须掌握的一门标配技能。在晚上19点，南表妹像往常一样把自己的妆容教学视频发到微博上。

在该视频中，南表妹一边化妆，一边对着粉丝聊天，期间还大喊了一声，"呀，有颗眼屎"。

在短短几个小时后，这条名为《如何HOLD住你的天王男友》的视频，被转发了近三千次。在这条视频中，南表妹总共植入了自己店内的三样化妆品。不过，令南表妹感到意外的是，有很多粉丝看中了她佩戴的项链。

此前，曾有网友质疑南表妹为什么总喜欢戴大号美瞳，南表妹则豪气地回答："老子就是爱戴，你管得着吗？"

在网红中，化妆总是一个绕不过的问题。网红石弯弯曾在接受媒体采访时有些无奈地说道："我真的是已经拍到没东西可拍了！一年365天，要发上百个视频，我们要不停地寻找话题。"

为了给粉丝们分享自己的护肤心得，作为网红的石弯弯，每月光化妆品的开销，就是普通女孩的二十几倍。石弯弯说道："我以前就只会化一种类型的妆，固定用一个品牌的化妆品，但现在几乎把能试的都试了。"

为了吸引粉丝的关注，石弯弯甚至开始研究菜谱。为此，石弯弯在家练习了两三天，最终才能把教程发出来。在石弯弯看来，这些都自己必须完成的工作，她认为网红得给粉丝树立一个标杆性的参照，让她们可以在自己身上学到点什么或得到点什么。

由于网速更快了，网红开始发布视频直播内容，一些网红通过APP软件，将自己随时随地的生活状态即时分享给粉丝。在南表妹看来，视频直播更能与粉丝互动，于是，她将自己和朋友在KTV唱歌的场景直播出去，兴起时还会为粉丝们献歌一首，抑或是对着屏幕畅饮一杯，吸引了八九千名网友在线观看。

在视频直播中，尽管人气已经爆棚，作为网红的雪梨也非常重视。在情人节当晚，雪梨上线直播半小时，耐心地回答了网友的各类问题，比如身高、体重、常用的化妆品品牌、在哪读的大学，等等。同时，雪梨也会咨询网友的意见，问自己是有头帘好看还是没有好看。几乎是所问必答，除了有关王思聪的问题。

在网红粉丝中，18~29岁的年轻女性占据7成以上。在视频直播中，网红们对于自己的恋情、婚姻都采取了公开的态度。网红心霓儿记得自己涨粉最快的一周，就是因为连续发布了结婚照。在发照片时，网红心霓儿还@了自己的伴娘团，其中一位便是罗志祥的女友周扬青。

网红心霓儿介绍道："那一周我的粉丝涨了4万多，网友的留言基本都是送祝福。"除了大方分享恋情，网红们对于自己整容的经历也丝毫不避讳。雪梨就在直播视频中承认自己打过好几次瘦脸针，心霓儿也向粉丝坦白自己的双眼皮是割的。一位网红这样说道："如果你整过容，你千万要承认，而且一定要和大家分享这个心得。"

不是每张"网红脸"，都能执掌身家过亿淘宝店

对于任何一个行业而言，能站在金字塔塔尖号令天下，俯视群雄的人往往都只是极少数，作为新生事物的网红同样也不例外。

尽管孵化器公司的出现，较好地保障了供应链等配套服务，但是随之产生的新问题也迎面而来：一方面是巨大的前期推广投入，压缩了网店当前的利润空间。在与公司分成的过程中，大部分网红新人处在被动位置；另一方面，越来越热的网红市场竞争激烈，网红被模式化量产后相似度极高，新人很难像过去那样通过简单操作迅速出头，而是必须花大力气寻求个性化之路。正因为如此，出现了一个月销售额达到20万元的网红店铺，网红却没有拿到一分钱的情况。

一家网红孵化公司的拓展人员陈晨接受媒体采访时坦言："现在网红赚钱没那么容易，很多媒体报道得都太夸张了，一年能赚上千万的就那么几个人。"

在陈晨看来，一个网红淘宝店赚没赚到钱，销量只是一个参考，甚至有些皇冠级别的店铺，亏损也非常严重。

当前，孵化公司与签约网红通常按照利润模式六四分成，即公司承担风

险,赚钱也拿大头,只有少数几个顶级红人的分成比例能高于这个数字,占到六成以上。

在签约之初,孵化公司会投入几十万元甚至上百万元为网红进行宣传推广,或是买广告位导流,或是制造热点话题吸粉,这部分费用会以成本的形式摊加到网店当年的经营成本上,导致网红利润分成减少甚至为负数。

一般地,网红店铺年利润的公式如下,见图8-1。

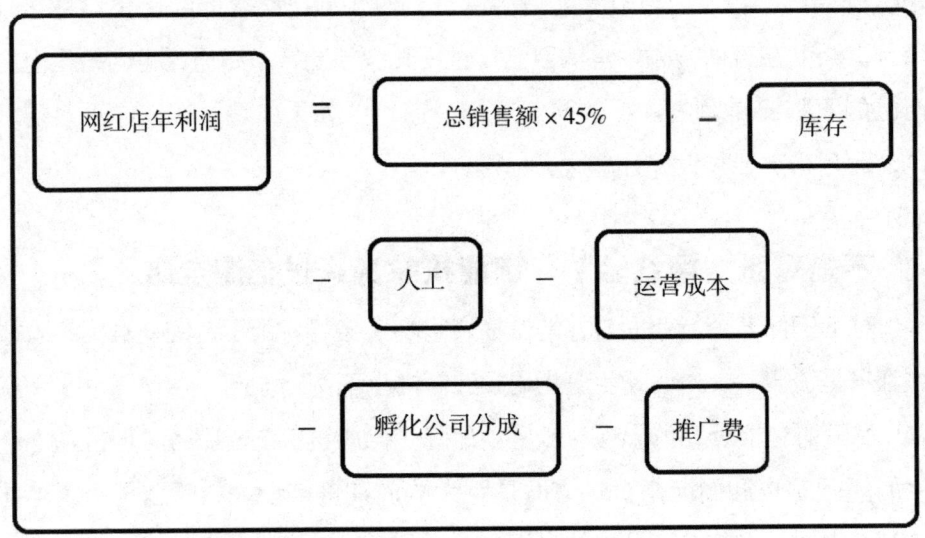

图 8-1 网红店年利润公式

例如,2015年5月,网红米雪(化名)签约了一家公司,虽然业绩从之前的一天不到2000元飙升至一天6000多元,月销售额达20万元,但直到2016年2月,她还没能从公司拿到一分钱。

米雪公司的工作人员这样解释道:"米雪的网店目前正处于投石问路阶段,我们为她尝试了多种推广方式,比如设定广告投放人群,每次下来都要花费十几万元。前期上百万元的投入,加上压货库存的亏损,都要用她这一年的销售利润来补上。"

据介绍,按照签约网红的年利润计算公式,通常最终利润占总销售额的10%左右。库存和推广费自然地压缩了网红的利润空间。

据统计，在不包含库存和人工成本的情况下，目前女装网店的利润率通常在45%左右，而成长期的网红店铺一年的推广费用就能占掉利润的30%～50%，再扣除一切运营费用和公司分成，实际上她们拿到手里的钱只占总销售额的10%～15%。按照这样的算法，店铺年销售额达1000万元的网红，能够得到100多万元的收益。

据陈晨介绍，"公司现在签约的二十几个网红中，只有三四个是赚钱的。"陈晨坦言，"某家知名网红店铺，在2015年八九月份的时候，销售额尽管已经做到每月一万多笔，但是依旧亏损严重，究其原因，就是因为她们前期广告投入太多，又压了太多货。"

在这样的境遇下，很多网红新人由于无法等待如此漫长的回报周期，不得不选择与签约公司提前解约，有的网红尽管辛苦工作了一年，可是没有能拿到任何收入。

据陈晨介绍，目前孵化公司的合约相对还算人性化，陈晨说："如果网店赔钱，亏损由网红孵化公司承担，双方可以和平分手；但如果是赚钱的店铺，想要提前解约就要赔偿公司一笔违约金，数额是年利润的5倍左右。"

为此，一些孵化公司为了防止网红提前解约，正在尝试更加合理的分成方式。有些孵化公司将利润分成改为了销售分成。按照如此算法，相对于孵化公司，无论卖多卖少、赚不赚钱，网红都可以得到相应的提成，极大地保障了网红利益，这样也使其工作积极性更高。

有学者撰文指出，"对于这个正高速发展的行业来说，网红孵化公司仍处在摸索阶段。既要扩大规模投资更多的新网红，又要在原有网红身上继续砸钱备货及推广，即便有些公司已经拿到了上亿元融资，但真正实现资金链的良性循环还有待时日。"

有的网红由于善于运作，在其海量粉丝的簇拥下，赢得粉丝经济的巨大红利。因此，他们较快地赚得了第一桶金。

不过，要长期地、有效地维系品牌建设，却任重而道远。加上在团队管理的不规范、网红推广和宣传，以及盈利模式过于单一、原创内容过弱的背景下，诸多问题都可能让网红的生命周期变短。

谈及网红经济的未来，作为网红的南表妹对其较为悲观，其理由是，网红火得太过，会不会影响行业健康发展。

与南表妹不同的是，陈晨却对网红经济的未来充满信心，陈晨说道："首先，从行业大环境来看，实体服装店的销售正在经历断崖式的下滑，许多传统品牌公司2015年的销售额下跌了30%～50%，流失的这部分市场很有可能转移到线上。第二，随着年龄的增长，90后的网购消费者会越来越多，消费能力也逐年增强，他们的崛起会大大扩充网红店铺购买人群的基数。虽然竞争在加剧，但是也有利好，就看你能不能熬住了。"

在这两种观点的背后，我更倾向于陈晨，因为任何一个行业，从产生到成熟，必然是内容为王，只有真正地坚持做好自己的内容，最终才能赢得未来。如同马云的那句话——"今天很残酷，明天更残酷，后天很美好。"

网红直播营销的正确打开方式

在眼下的互联网宽屏时代，进击的网红，不仅可以做到15分钟成名，而且还可以做到把自己的品牌IP化。

2016年7月的杭州，网红的商业价值正在被传统企业挖掘开来——先是一场洗碗机推广活动的现场云集了一群高人气网红，接着是杭州大厦、杭州湖滨银泰in77、万象城这样的传统百货商场也在年中庆促销季开始试水网红直播。

在如火如荼的活动中，一波又一波的新生代网红拿着自拍杆，对着手机镜头，时而嘟嘴卖萌，时而摆出各种造型……就这样，网红分分钟的直播，就赢得了无数粉丝的关注。

《杭州日报》记者厉玮坦言："网红直播的新浪潮在国内呈现出井喷之势，有抬高的，有唱衰的，也有静观其变的。甚至有人高呼，网红那么多，观众都不够了。"

在厉玮看来，个人化IP的井喷，淬炼了网红的爆红年代。在这样的背景下，品牌和商家开启直播营销，其正确打开方式是必须找准市场需求。

网红爆红影响力引爆蝴蝶效应

作为美妆达人的张小奈，是杭州耐思文化旗下的签约网红。可能读者不知道的是，张小奈这个曾经的淘宝模特，目前已经进阶成了一个自带IP流量的意见领袖。张小奈的微博粉丝数达14万人，淘宝直播粉丝有5.3万人。

2016年6月25日，杭州大厦年中庆的当天，现场可谓异常隆重，在现场直播中，张小奈展开浑身解数，可谓是血拼了。

当日下午13：00～17：00期间，按照活动安排，4名本土网红与4名人气主播,分别搭档,以楼座为单元,网红和主播到各个柜台间,挑选商品,并在映客APP上进行互动直播。

在此次直播中,张小奈的搭档,是人气女主播石榴。这对搭档组成了精致的美妆组。当张小奈和石榴出现在A座一楼和二楼的化妆品区时,其现场气氛异常高涨。

在该活动现场,张小奈不仅亲自试用各个品牌的化妆品,同时还对每个单品作了更多的重点介绍。

在网红产业链上,帮助用户选择产品,是红人们吸引粉丝的一个较为重要的部分。无论是女装、彩妆、婴童服装、箱包,还是健身类产品,红人店铺的消费结构与整体相比,差异较为突出,尤其是红人们对女装、箱包产品的搭配技巧,美妆产品的使用经验,以及运动的专业知识等。见图8-2。

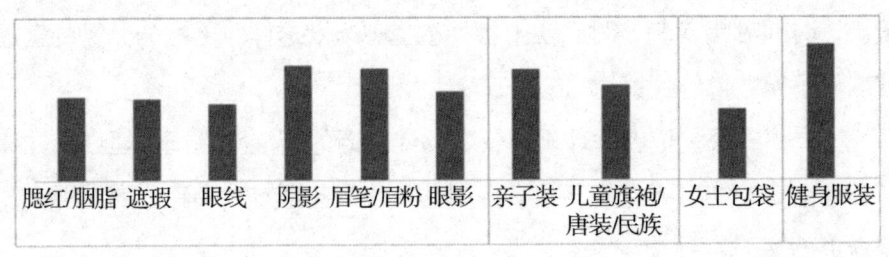

资料来源:CBNData.《2016年中国电商红人大数据报告》,2016-05-24.

图8-2　2015年4月至2016年3月红人店铺粉丝细分类目偏好(正向)

为了让商家满意,网红还适时地发布促销的二维码。当然,近水楼台先得月,在直播的过程中,张小奈一旦发现自己心仪的化妆品,也直接下单购买了。

无独有偶,2016年in77的年中庆,也新增了网红直播秀的宣传环节。在活动中,把网红直播秀分别安排在下午和晚上,各一场。

在下午的网红直播秀中,主要以服饰搭配为主;晚上的直播秀则以美食探店为主。由四五个本土网红，组成一组，且男女混搭，在映客上进行互动直播推介。

在直播中，网红们纷纷举着自拍杆，开着采光灯，一路逛吃逛买。

杭州大厦和in77等传统商业都非常注重网红营销。正因如此，自带势能的网红自然而然地成了各个商家的活招牌。杭州大厦和in77的两场网红直播真人秀，无一例外地都在开播半小时之内就冲上了映客首页的即时热门榜，并排在前列。又如in77第二场晚上的网红直播秀，其在线总观看的人数更是达到了7万以上。

取得如此业绩，in77企划部负责人坦言，为了挖掘网红的商业价值，部门相关人员都参与了网红主播的整个筛选过程。该负责人说道："网红们光有颜值肯定不够，我们会根据in77的定位进行更细致的选择，我们需要的是青春活力、健康向上的网红主播。"

在年中庆的直播现场中，网红们的直播，仅仅对着手机镜头讲解是不够的，还必须拿出自己的真本领。为了更好地赢得粉丝的关注，有的网红选择唱歌，有的网红选择换装，有的网红选择说段子。

在直播过程中，网红的直播内容，不能局限在闲聊和卖萌，必须实现一些安排好的植入流程。如网红们用说、学、逗、唱的形式把年中庆的促销信息和活动介绍植入到了直播中，不仅如此，其间也少不了需要插播一些软性广告。这样的直播内容，不仅提升了粉丝的购物热情，同时也提升了网红的知名度。

杭州大厦企划部专员李梦瑶毫不隐讳地说道："网红只要完成我们的商业诉求，直播的形式和内容完全可以自由发挥。没有设置好的台词，也没有正式的彩排。"在李梦瑶看来，由于网红不是明星，没有所谓的明星架子，所以现场配合度非常高。

网红爆红的途径依然在野蛮生长

除了杭州大厦和in77，万象城周年庆的直播网红，也是由杭州耐思文化公司提供的。公开资料显示，杭州耐思文化公司是一家2016年才成立的网红经纪公司，可谓是一个正在生长中的网红孵化器。

像耐思文化这样孵化网红主播的经纪公司，杭州目前有十多家。在这些孵化机构中，从开拓新人的星探，到分管主播的经纪，甚至还有专门的微整形服务。每个公司尽管看起来分工明确，但是总体来说，依然还处在一个野蛮生长的阶段，其业务同样还在不断地摸索发展方向。

与"直播+电商"形态的网红经纪公司不同的是，杭州耐思文化公司涉及的经纪业务主要包括品牌商演、发布会及营销推广活动。这些活动涉及大到房产、汽车，小到服饰、美妆。基于此，位于下沙某创业园区内的耐思文化大本营更像是一个战略性据点，也没有像其他网红经纪公司那样为网红主播提供专门的直播间。

作为杭州耐思文化公司的联合创始人的周惠琴，拥有外籍演艺经纪的工作经验。用自己多年累积的行业资源，成就了杭州耐思文化公司的先发优势。

周惠琴说道："眼下，网红经纪和商家之间还存在着信息不对称的现象，相互的合作大多还是需要通过公关或传媒公司来进行对接。"

众所周知，在一个初创型的网红经纪公司中，由于各方面的限制，每个人都得身兼多职。如吕岚，既是网红张小奈的经纪人，同时也是杭州耐思文化的联合创始人。

除了是张小奈的经纪人，吕岚还是网红佳琪的经纪人。现在，杭州耐思文化公司平均一个月需要完成20多场的线下直播活动。

当然，网红经纪公司不是草根型造星工厂的唯一形式。2015年下半年，蘑菇街推出了一个网聚网红的平台——uni引力。

该平台声称，要做网红圈最大的生态平台，听起来有一点像网红界的LinkedIn。目前，uni平台网罗了包括意见领袖、时尚博主、模特、造型师、摄影师、插画师、美妆达人等在内的各领域数万人核心资源。同时，已有上千个品牌、近三万商家入驻平台。

uni引力红人业务负责人陈薇如介绍说:"我们为美宝莲、卡西欧、华为等合作时尚品牌提供网红,同时也为国内外各大时装周输送网红。"

据陈薇如介绍,uni不是一个签约、培训、挖掘网红价值的孵化机构,而是整合了整个网红经济产业链,并且给网红经济产业链上的各个环节提供了一个公开、公平的平台。

在uni APP推出的"合作"频道里,传统企业可以发布自己所需的招募通告。因此,传统企业还可以与网红进行线上对接,包括拍摄、推广以及各种商业活动。

当然,在uni APP频道里,每个活动的通告都标注了网红单人的预算,同时注明了网红参与此次活动可以获得的直接报酬。

不仅如此,传统企业也可以对自己企业所需的意向类型、需求人数,以及渠道需求,提出明确的合作要求。

像"淘宝+万科联合直播活动网红招募"这样的网红推广,门槛较高,招募有粉丝基础且能爆量的网红,要求蘑菇街和微博粉丝数量都要超过2万。不过陈薇如为此坦言:"连单人预算都没有确定,但报名人数已远远超过了需求人数,很快就爆满了。"

在陈薇如看来,平台上越来越多的草根幻想自己能一朝成名,但这必须经历一定的积累和沉淀。

传统企业更易接受粉丝的跳转购买

事实证明,网红商业价值的最大化就必须将粉丝转化为消费者。周惠琴坦言:"以前是酒香不怕巷子深,而现在不一样了,商家最害怕曝光率低。"

在周惠琴看来,高曝光率才是提升企业品牌的一个最佳途径。遗憾的是,目前,中国多数商家似乎依然停留在把网红直播当成一种低成本的抖机灵方式的阶段。

周惠琴就此质疑,"小成本的直播真的能制造出巨大的流量转化吗?"周惠琴认为,品牌和商家需要明确自己的定位,并不是不管什么东西,网红都能卖得动的。

2016年6月21日，东风风光580正式上市。在发布会上，该企业请来了100位高颜值的美女主播到现场做直播，将一场本来很普通的新车发布会演化成了"颜值节"。

网红们把身后的粉丝团撬动起来，引流到发布会线上直播的现场。尽管创造了瞬间的爆点，但是网红的火爆与实际的成交额却形成冰火两重天的景象，这对于卖车实则近乎无济于事。

当然，由于网红的商业价值，一些传统商场也都不约而同地选择了网红直播的营销方式，尽管这样的营销方式亮点十足，但眼下的风光与最终目的的销售变现结合才是网红营销的核心，即通过话题营销实现引流，最终达到变现。

in77企划部负责人直言，网红的吸睛能力较强。高颜值的直播小团队一旦出现在某个商家面前，自然会引起顾客的围观。

该负责人说道："in77年中庆网红直播秀当天，就有个别商户被堵了个水泄不通。我们在实现引流的同时，也向目标客群输出了in77'年轻、潮流、创意'的新生活理念，这样直播的效果就算达到了。"

据该负责人介绍，在in77年中庆活动的前后时间里，即使不是in77自己投放引流广告的媒体平台，此次网红直播，也会对这次网红直播真人秀事件，自发地进行宣传和推广。

当然，像美妆类消费品，其单价不高，具有明确的规格、型号，且产品定位、潜在客户和网红的粉丝相对一致。通常，此类产品通过网红直播，其转化率相当不错，销售业绩将会大大地提升。

张小奈的出色直播，得到了美宝莲的认可。2016年4月14日，美宝莲邀请张小奈参加在上海举行的美宝莲"Make It Happen"新品发布会。

在此次发布会上，包括张小奈在内的50位网红，在新品现场，开启网红们的美拍直播模式，分享了化妆师为模特化妆的全过程。

不仅如此，张小奈还通过直播机会，分享了试涂唇露的全过程，并将此过程与粉丝互动交流。

在这场历时2小时的直播过程中,竟然有超过500万人次观看了该直播,并且销售出了1万多支新产品唇露。实际销售转化额达到142万元,比2015年"双十一"期间美宝莲天猫旗舰店1天之内所有口红品类加在一起的总销量还高。

美宝莲取得如此的业绩,在张小奈看来,主要是因为粉丝很愿意与网红们一起分享使用体验,甚至在观看直播的同时,就直接一键购买了。

比起在直播交互中,那些天价打赏的非理性消费来说,此种基于粉丝经济的跳转购买模式,更容易被传统企业接受和认可。

当然,美宝莲的网红直播销售奇迹,并不是唯一的成功网红营销案例。2016年6月24日,聚划算与平台下韩后、春纪、美康粉黛、珀莱雅、植美村、韩熙贞六大化妆品商家登录Bilibili,在"B站"直播了一场"我就是爱妆"的网红coser秀。

在此次网红直播活动中,六大化妆品商家的订单成交总金额约1000万元。对于低单价的标品,那些基于信任和支持的网红粉丝,在下单行为上往往都不会犹豫,哪怕这些商品并非必需。而高单价的非标品要实现从流量到销量的转化,就得结合更深入的互动场景,营造更真实的用户体验。就像丹·艾瑞里在《怪诞行为学》里所说的,多数人只有到了具体的情境里才知道自己真正想要的是什么。

网红直播已经进入个人化IP阶段

在网红经济中,马太效应非常明显。比如,那些具有强IP和强粉丝效应的网红,往往拥有较强的入口自带流量。从这角度看,强者愈强的马太效应正在网红经济中迅速产生。

最为明显的趋势是,少量的网红独霸各个平台绝大多数的流量,尤其是线上线下互动直播的模式,这样的现象正在聚集。毫不夸张地说,未来大部分流量都可能会集中在极个别的主播手里。

作为杭州耐思文化公司联合创始人的周惠琴坦言,她最欣赏的网红就是马东。究其原因,是马东带着"污力天团"入驻映客首秀,在600多万直播观众的注视下,竟然嗑了90分钟的"粑粑瓜子"。

在这样的直播中,无底线的"污力宣言"让"粑粑瓜子"一炮而红。周惠琴说道:"如今,他在喜马拉雅FM上线的付费音频课程《好好说话》,也让整个网红行业都看到了头部IP的长尾效应之大。"

在周惠琴看来,网红的IP,不仅是网红经济的注脚,同时也说明其巨大的商业价值。反观杭州耐思文化公司的网红,目前,张小奈主要在映客和淘宝两个平台进行直播,每次出视频直播都会被推上即时热门。

张小奈的经纪人吕岚为此介绍说道:"粉丝的忠诚度还是基于优质的直播内容。张小奈不是才艺型的网红主播,唱歌跳舞都不算强项,但是能尽量保证自己的专业性,适时推出当季的美妆主题视频。"

在吕岚看来,网红张小奈之所以能够脱颖而出,首先是因为张小奈在美妆领域不断地有专业性、高质量的主题分享出现。

其次,从淘宝模特、美妆博主到直播网红,随着角色的演变,张小奈已经形成了其鲜明的人格特征。张小奈由于时常保持与粉丝互动沟通,使得黏性较强。

吕岚坦言:"对于张小奈这样内容创作佳、分发能力强的资深网红来说,图文时代到宽屏时代的更迭无疑是巨大的优势。"

据介绍,目前的张小奈,其平均每个月数万元的收入几乎全来自直播,包括直播平台上虚拟礼物的兑现和各种商演的报酬,以及公司的抽成。

在陈薇如看来,网红直播的火爆,必然会引领网红进入个人化IP阶段,而且还会出现井喷。当然,网红最终能否脱颖而出,不仅取决于网红的"内力",这包括审美能力、学习能力、成长性以及对行业的洞察能力等,同时还与孵化机构也有很大关系。

在网灰期,内容垂直化和细分化,为新网红获得自己独特的竞争优势提供了极佳的机遇。对于网民来说,他们只会越来越倾向于关注自己感兴趣的领域，那些细分程度越高的视频直播生产者，越有机会留住更多的粉丝。那些只会唠嗑、只会唱歌、只会扭两下或者露个沟的网红，必然会被淘汰。

　　大量事实证明，每个网红个人的商业价值，终究是建立在市场和用户基础之上的。如何判断一个网红的价值，仅仅从粉丝数据上分析，其水分非常大。因此，从文字时代到宽屏时代，转化率一直都是判定一个网红含金量的最直接标准。在这个意见领袖速生速朽的时代，将粉丝变为购买力就是持续生命周期的唯一保证。2017年注定是泛娱乐全面爆发的一年。秀场的灯光已经亮起，怎么走，怎么借势，怎么玩得漂亮，就得看网红自己了。

网红经济产业趋势已经明朗

2016年7月,在A股市场上,19只网红经济的概念股,其业绩表现不俗。由于资本市场对网红经济的预期一直都较强,这些股票自然也就排除了被炒作的嫌疑。

从另外一个角度反过来看,网红之所以存在,就是因为它通过适当的改变,满足了当下许多消费者的需求。2016年7月6日,被称为"集美貌与才华于一身的女子"的网络第一红人papi酱在微博晒出了一组穿硕士服的毕业照,一日之内微博评论数过3万,足可见网红的强大人气。这样的商业影响力也再度让传统企业经营者感到震撼。

当下的网红,其爆红的方式层出不穷,甚至都已经形成完整的产业链。在整个网红产业链上,变现是最为重要、最为商家看重的环节,自然也是网红们自己最多留意的环节。

在资本、人脉聚集的当下,众多网红趁着网红经济的火爆,立即站在了变现的风口上,一路高歌猛进,使得"吸金又快又强"。

当变现成为了网红一条新的赛道时,中国股市自然不会放过这一"快车道",无论是主板还是新三板,网红经济概念股总能吸引并获得强大的资本眼球的注意。根据Wind数据显示,截至2016年7月7日收盘,A股市场19只网红经济概念股过去十个交易日内仅有三只个股出现微幅下跌,广博股份、暴风集团、乐视网等个股累计涨幅均超过10%。在当时多空双方围绕3000点展开激烈争夺战的背景下,网红经济概念股的表现不俗。

"得消费者得天下"的趋势已经清晰可见

2016年7月5日,在由上海交通大学安泰经济与管理学院举办的2016年安泰智库媒体沙龙活动（总第4期）上，上海交通大学安泰经济与管理学院战略营销系副教授周颖谈道："网红经济的走俏意味着整个互联网产业已经发展到3.0时代了，1.0时代是产品为王，得产品得天下；2.0时代是渠道为王，得渠道得天下；3.0时代则是体验为王，得消费者得天下。"

在周颖看来，网红经济的火爆，源于互联网自身的发展，在这样的语境下，网红经济自然催生了全新的商业模式。

研究发现，"网红"一词虽然是近年来才提出，但是网红现象却由来已久。反观网红的发展历史就不难看出，从当初的互联网1.0时代的网络写手，到各大论坛风行一时的炒作红人，再到凭借独特风格火爆的papi酱、电商红人张大奕，以及微博大V们，网红也经历了从青涩到逐步成熟的发展过程。

根据CBNData发布的《2016年中国电商红人大数据报告》显示，经过20多年的发展，网红已经形成一条完整的产业链，见图8-3。

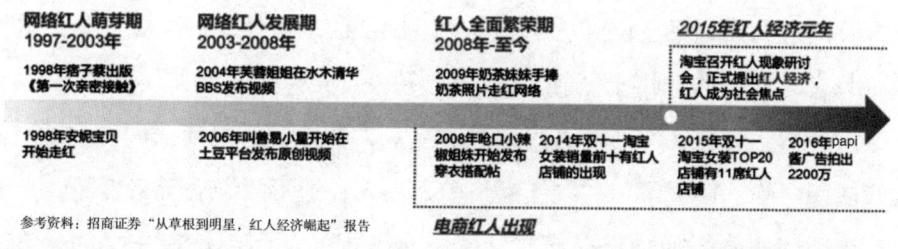

资料来源：CBNData.《2016年中国电商红人大数据报告》，2016-05-24.

图8-3 网红产业链发展图

2015年，可谓是电商红人产业爆发的元年。根据CBNData发布的《2016年中国电商红人大数据报告》显示，店铺销售规模在一年间就接近翻倍，见图8-4。

这些数据足以说明，网红经济不论其规模，还是产业链，都已相对成熟。周颖为此介绍道："传统电商的常规模式是B2C，由商家先选款，再上

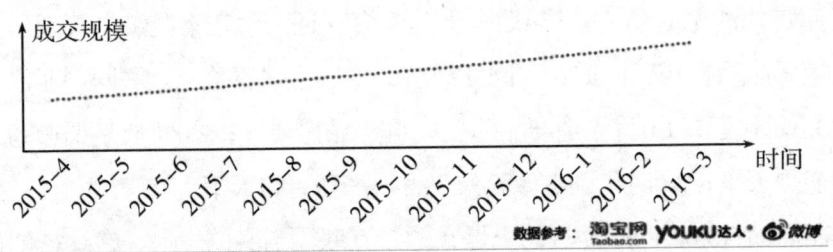

资料来源：CBNData.《2016年中国电商红人大数据报告》，2016-05-24.

图8-4　2015年4月至2016年3月红人店铺成交规模走势图

新、平销、销售，在这一过程中可能会浪费资源，因为商家往往并不知道选款是不是消费者需求的。而网红模式则是典型的C2B，网红先穿了打样服让消费者选票，哪一种给票最多上哪一款，这样一来传统电商的销售库存是18%~20%，而网红电商可能仅为2%~3%。"

在周颖看来，网红商业模式的运作，必须建立在社交引流、孵化器的捧红、供应链的支持、电商的运营基础之上，四者缺一不可。

为此，周颖列举了网红张大奕的案例：2016年6月20日，淘宝直播间网红张大奕为自己的店铺上了新代言，上新的"吾欢喜的衣服"在短短2个小时以内竟然达到近2000万元人民币的成交额，直接刷新之前任何一次通过淘宝直播引导的销售记录。"网红经济前无古人，但不敢说后无来者"。

海通证券分析师钟奇在接受《国际金融报》记者赵怡雯采访时坦言："网红的优势主要表现为'两低一高'。其中'两低'指低门槛、低维护成本，这得益于Web2.0技术和自媒体的盛行；'一高'指高附加值，这受惠于经济发展，尤其是投资驱动型经济向消费拉动型经济的转变。"

钟奇指出，"两低一高"既来源于竞争的市场，又加剧了市场的竞争。因此，网红4.0时代，必然是一个内容为王的时代，而那些网红的脱颖而出，终将也是内容的胜出。

当然，这样的竞争有利于催生优质的文案、视频等互联网产品。这样，就使得网红市场正好符合投资者追求的标的：既有长远的发展前景（即优质的创新产品），又有广阔的市场空间（即竞争的市场格局）。

网红经济已形成专业化的生产产业链

目前，网红经济的自身进化已经完善，其产业趋势也已经逐渐明朗。周颖介绍说："网红变现的主要模式是广告，已经占到46%，然后是电商导流，已经占到32%，这是目前网红主要的两个变现模式。"

服装行业是被网红研究者视为最先受网红经济促进的产业。淘宝官方发布的2015年女装C店销售额排名显示，在排名前10位的店铺中，竟然有5家是网红店铺，占比达到50%，其中排名第一的网红店铺为张大奕的"吾欢喜的衣橱"。

如果以网红店铺占比50%的比例粗略测算，整个淘宝平台上服装类网红店铺的GMV大致为5982亿元×50%=2991亿元，其规模大约为3000亿元。

国泰君安分析师吕明在接受《国际金融报》记者赵怡雯采访时坦言："服装是网红最容易变现的实物品类。"

吕明指出，诸如如涵电商、缇苏电商，它们都是服装企业创新商业模式的代表企业。"我们看好社交电商兴起带动网红经济产业链的发展潜力，产生新模式的公司并让传统纺织服装企业焕发新生"。

而在A股市场上，诸如南极电商、华斯股份、柏堡龙、搜于特等个股，它们都拥有网红经济的概念。尽管属于传统的纺织服饰行业，但是其表现已经远超过其他同行。

大量事实已经证明，网红经济辐射的产业，不仅仅在服饰行业。钟奇介绍称，网红产业的发展势头，已经锐不可当。而该产业并不是排他的，它还连接和带动了其他产业的共同发展。

与网红经济直接相关的产业还有：医疗美容、电子竞技、电子商务、传播媒体、媒体内容制作，等等。这些行业由于与网红经济紧密配合，因此迎来了新的发展机会。另外，上述产业由于连接上下游产业，诸如医疗器械、计算机硬件与软件、制造业、运输等，因此迎来更多的发展机会也是在情理之中的事情。

艾媒咨询报告显示："如今的网红经济已经初步形成了上、中、下游紧密联动的专业化生产产业链。网红更像是一种产品，上游负责生产产品，中游负责推广产品，下游负责销售产品，形成了拥有内容、推广渠道、销售途径等环节的营销闭环。"

该报告还显示，由于网红的定位不同，变现的方式自然也有所差异。其变现渠道主要在于广告、打赏、电商收入以及付费服务。

当然，一旦网红成为IP后，其变现能力也就不再局限在传统的变现渠道，变现能力将更加强大，还有诸如形象代言、出书、进军影视界、衍生品制作等多种变现形式。

为此，国金证券分析师魏立分析称，在未来，聚焦各领域网红的平台或社区，综合类和垂直类社交平台都将陆续上线，抢占网红IP，以期获得先发优势。在此阶段，网红则作为一个强化的个体IP，不仅最大限度地利用各平台展示自己的商业影响力，同时还将扩大其变现的渠道。

魏立举例说道："例如papi酱团队于2016年4月底建立了Papitube的短视频内容平台，孵化内容生产者；2016年6月初开始涉足服装电商。短视频商业化模式逐渐清晰，红人电商纷纷设立，papi酱有望成为全渠道IP，期待后续催化剂。"

在魏立看来，只有布局全渠道的发展路径，才有可能极大限度地打开网红经济的产业市场空间。当然，作为产业链核心的网红，必须依据其个人的特点，选择布局的领域，扩张涉猎范围；作为网红服务类公司，必须发挥其专业性，挖掘和培养可能爆红的有潜质的网红。

究其原因，首先，作为火爆的网红经济，尽管已经展现了强大的吸金能力，但是由于网红运作模式的同质化与可复制性，这样的竞争可能让网民产生审美疲劳；资本的介入，无疑影响内容创作的整体风格；再次，网红的受众转移成本低。这些都成为网红经济发展过程中必然遭遇的"痛点"。

投中研究院分析师梁立明在接受媒体采访时坦言："网红未来依然会依

赖于社交平台,这是视频产业的特性所决定的。从长视频、短视频到直播,社交的属性在不断增强,未来直播这一行业内容将会更加专业化,变现能力也会更强。"

在梁立明看来,随着市场的成熟,未来网红的发展都会向优质的原创内容上靠拢。只有持续地生产内容,形成IP或是有深耕的垂直领域,网红才能实现多领域的流量变现,才能获得更为长久的生命力。随着越来越多新一代网红的涌现以及已经初具雏形的网红变现模式的形成,网红经济的未来不可小觑,同时商业会倒逼网红的淘汰或转型。

网红营销已经成为诸多企业品牌推广的一个趋势

众所周知,社群经济为网红提供了更多的商业模式和传播形式的选择机会。当构建社群平台后,其平台也将成为不少企业所关注的广告投放点。

大量事实证明,一个成熟、完善的社群平台,其运营本身就是企业品牌营销的第一步。网红无论是借助如今新媒体如火如荼的微博、微信,还是美拍、秒拍等现有零成本的UGC平台,都需要一个长期的内容营销阶段,这样才能聚集海量的粉丝。见图8-5。

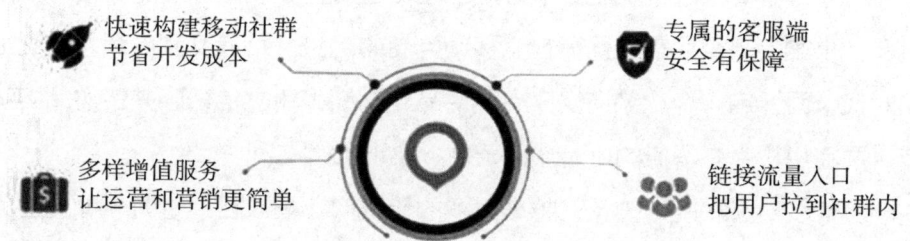

资料来源:CBNData.《2016年中国电商红人大数据报告》,2016-05-24.

图8-5 平台经济上的网红营销

不可否认,网红通常是一个快速走红,且又易被取代遗忘的群体。由于互联网本身的特点之一——零成本特质,很多网红都此消彼长,不管是否同质化,互联网都会快速地过滤,让高曝光率会取代低曝光率的。

对于传统企业来说，其之所以选择现成平台，是因为传统企业需要选择一种相对较低风险的营销模式。当然，也有不少企业选择开发自有平台，制造网红，根据自身的特点选择推广渠道，这样的渠道的推广，不仅红利预期不可知，且成本相对较高。

为此，一些企业为了推广和宣传更为有效，保守地选择现有的社群平台，来实现品牌服务的推广营销。企业这样做，不仅节省成本，还能快速实现品牌盈利。如小云APP，就是一个相对成熟的平台。小云APP作为模块化组合的云端平台，不仅为企业的快速构建移动社群应用提供方便，同时还可以让企业品牌快速地在社群中形成影响力。

一旦确立了推广和宣传平台，品牌企业必须确立各自平台的网红形象。其后，做好内容营销、网红的个人标签，以及让其与企业品牌协调性相契合，以情感诉求打动粉丝，真正地实现粉丝经济的变现。

在这个过程中，企业可以通过平台端口的用户数据，精准地掌握粉丝的真正需求。为赢得社群内粉丝价值的最大化，小云APP将企业品牌的精准用户沉淀在社群内，构建品牌红人与粉丝群体的情感互联，不断挖掘品牌的价值，并在社群平台上不断扩大影响力。

当然，随着越来越多社群平台的创建，这为企业制造了一个经营粉丝的机会。事实上，企业需要认清社交移动电商的趋势。从社交到电商，社交电商时代全面开启，企业制造自身专属的品牌网红，树立信任感并传递品牌价值，并在用户生态价值的可持续经营中，实现品牌红利。

随着移动互联网的普及，越来越多的传统商业模式已经过时，颠覆性的商业新模式已逐渐显现，不论是小米、苹果，还是淘宝，背后都是社群经济在作为主要支撑。

当然，要想网红经济的价值最大化，就必须实现粉丝商业价值的流量变现。这也为社群经济商业化提供了突破口。以小云APP这一移动开发平台为例，通过现有平台实现深度的垂直营销策略，从点到群的扩展商业空间，在品牌与用户中实现价值的链接，在粉丝的经营中，快速获取用户对品牌的反馈，逐渐调整品牌目标和价值的再定位和扩容提质。

大量事实证明，网红经济的潜在巨大的商业价值，被越来越多的品牌产商所重视。在其营销变革中，他们都非常重视网红经济的商业价值挖掘。

在海外，品牌企业早已选择网红作为企业产品的代言人。不论是Instagram还是YouTube，网红营销已经成为诸多企业品牌推广的一个趋势。

在这波趋势中，网红代言企业产品，其价值本身就是品牌营销的新渠道的一个外延。因此，网红经济具有的巨大价值空间，其潜力无限。

参考文献

[1] 百度. 2015年95后生活形态调研报告, 2015-08.

[2] 本来生活网. 现售: 褚橙-即便你很有钱, 我还是觉得你很帅 [EB/OL]. 2017. http://www.benlai.com/item-10604.html.

[3] 本来生活网. 现售: 褚橙-微橙给小主请安 [EB/OL]. 2017. http://www.benlai.com/item-13366.html.

[4] 百度百科. 长尾理论 [EB/OL]. 2017. http://baike.baidu.com/view/327983.htm.

[5] CNNIC. 2016年第39次中国互联网络发展状况统计报告, 2017-01.

[6] CNNIC. 2015年中国社交应用用户行为研究报告, 2016-04.

[7] CBNData. 2016年中国电商红人大数据报告, 2016-05.

[8] 陈雪频. 管理的正念 [M]. 北京: 新世界出版社, 2013.

[9] 陈一佳. 欧莱雅互联网营销去明星化 [EB/OL]. 2015. http://finance.sina.com.cn/zl/international/20140725/133319820024.shtml.

[10] 陈菜根. 一篇文章告诉你网红经济的真相 [EB/OL]. 2017. http://mt.sohu.com/20160418/n444821178.shtml.

[11] 凤凰时尚. 蒋方舟题辞向褚时健致敬褚橙推出名人订制限量版 [EB/OL]. 2017. http://fashion.ifeng.com/a/20131115/31282224_0.shtml.

[12] 江金泽. 年入千万的"网红"们 赚钱之道你造吗? [EB/OL]. 2017. http://wallstreetcn.com/node/229522.

[13] 陈茜. 网红们做对了什么 [J]. 商学院, 2016 (6).

[14] 黎秋玲, 杨颂德, 靳婷. 省医男护士身"挂"小患儿工作照走红 [N]. 新快报, 2017-02-17.

［15］刘晓云，蒋政文. 褚橙如何玩营销［J］. 成功营销，2014（1）.

［16］刘阳. 网红经济是美丽泡沫，还是代表着未来走向［N］. 人民日报，2016-03-31.

［17］厉玮. 个人化IP井喷：淬炼网红的时代［N］. 杭州日报，2016-07-05.

［18］李竟涵. "谢谢你，让我站着把钱挣了"——褚橙身价倍增背后的新媒体营销策略［N］. 农民日报，2014-01-04.

［19］安德森. 长尾理论［M］. 北京：中信出版社，2006.

［20］梅花网. 社会化营销的意见领袖策略［EB/OL］. 2017. http://www.meihua.info/a/60404.

［21］马莉，陈腾曦，林骥川. 网红产业链深度解析，2016-03-21.

［22］彭琳，刘笑雪. 资本欲打造千亿网红经济产业链［N］. 南方日报，2016-06-06.

［23］青果. 透过papi酱获融资看网红经济未来在哪里？［N］. 创投时报，2016-03-22.

［24］腾讯. 众媒时代：2015中国新媒体趋势报告，2015-11-12.

［25］吴桂霞. 褚时健84岁再成亿万富翁 唯一女儿狱中自杀［J］. 中国新闻周刊，2012（11）.

［26］吴晓波. 网红为何赚这么多［N］. 三湘都市报，2016-04-16.

［26］王敬文. 习近平"新常态"表述 "新"在哪里？"常"在何处？［EB/OL］. 2015. http://www.ce.cn/xwzx/gnsz/szyw/201408/10/t20140810_3322950.shtml.

［28］王易见. 在社群经济时代，企业如何学习网红经营品牌［EB/OL］. 2017. http://column.iresearch.cn/b/201604/765298.shtml.

［29］易观智库. 2016年8月中国网红排行榜TOP50，2016-09.

［30］易观智库. 2016中国网红产业专题研究报告，2016-09-02.

［31］亿邦动力网. 本来生活再玩名人营销：韩寒收一个褚橙［EB/OL］.

2015. http://www.ebrun.com/20131122/86199.shtml.

［32］赵怡雯. 网红经济能火多久？内容为王抢占IP［N］. 国际金融报，2016-07-11.

［33］张欣培. 风口下的网红经济：一个资本热点的成长简史［N］. 21世纪经济报道，2016-06-13.

［34］张钦. 任性网红董明珠：背后有支精良公关团队 省下无数广告费［N］. 北京青年报，2016-11-06.

后 记

2016年，风光无限的网红papi酱，可谓是独领网红界风骚，不仅被自媒体誉为2016年中国第一网红，同时还获得真金白银的投资——真格基金、罗辑思维、光源资本、星图资本四家投资机构联合投资1200万元给papi酱。

1200万元的投资仅仅是papi酱出现在媒体头条的开始。2016年4月21日，papi酱拍卖自己的视频广告，其广告又拍出了2200万元的天价。

一时间，估值过亿的papi酱，再次成为媒体、研究者、风投等多个行业关注的焦点，甚至把网红经济推到一个新风口。

2016年，作为网红的papi酱书写了一个又一个的商业传奇。为此，我们团队把2016年作为网红经济的元年。

而papi酱只是引爆传统行业、资本市场、上市公司，以及 VC/PE纷纷关注网红经济产业的导火索。

正如本书所言，嗜血的资本，必然要求网红高回报，否则再强烈的投资兴趣也是无稽之谈。当然，尽管各方目前对网红经济前景非常看好，但是，目前市场上对网红经济产业的理解，大多仅限于泛泛地场景畅想，对于传统企业如何实施网红营销并没有十分专业的介绍。

为此，在本书中，我们解剖了"网红经济到底为啥如此红""自媒体让网红经济崛起""有限的网红，无限的长尾""网红经济，你就是那风口上的猪""网红经济的商业模式""再小的网红，也都有自己的经济""网红经济的核心卡位""网红经济时代，企业可以怎么做""网红经济究竟能'红'多久"等问题。

在这些问题中，我们介绍了网红是如何发展的；网红与火爆的直播平台又有什么关系；直播平台的发展现状如何；网红经济的商业模式是什么；直播平台与网红经济未来的发展如何;这一市场是否还有投资机会;……

为了尽可能地详细介绍网红经济,我们团队走访了许多网红和网红孵化机构的负责人,还拜访了诸多大学商学院教授。在此对他们的大力支持和不吝赐教表示由衷的感谢。

在这里,特别感谢"财富商学院"书系的优秀编写人员,他们参与了本书的前期策划、市场论证、资料收集、书稿校对、文字修改、图表制作等。

以下人员对本书的完成亦有贡献,在此一并感谢:周梅梅、吴旭芳、简再飞、周芝琴、吴江龙、吴抄男、赵丽蓉、周斌、周凤琴、周玲玲、汪洋、霍红建、赵立军、兰世辉、徐世明、周云成,等等。

任何一本书的写作和出版,都是建立在许许多多人的研究成果基础之上的。在写作过程中,笔者参阅了大量资料,包括电视、图书、网络、视频、报纸、杂志等资料,所参考的文献,凡属专门引述的,都尽可能地注明了出处,其他情况则在书后附注的参考文献中列出,并在此向有关文献的作者表示衷心的谢意!书中如有疏漏之处还望读者原谅。

本书在出版过程中,还得到了多位研究网红经济、自媒体、互联网营销以及网红产业的专家、业内人员及出版社编辑等多方人士的大力支持和热心帮助,笔者在此表示衷心的谢意。由于时间仓促,书中纰漏难免,欢迎广大读者批评指正(E-mail:zhouyusi@sina.com;微信号:xibingzhou)。